周为筠◎编著　王山甲◎绘图　小刀断雨◎创意

偷听城市

跟着耳朵去旅行

Touting Chengshi

国际文化出版公司

图书在版编目（CIP）数据

偷听城市－跟着耳朵去旅行／周为筠著；王山甲绘．－北京：国际文化出版公司，2009.10

ISBN 978-7-80173-895-0

I.偷… II.①周…②王… III.城市社会学－研究－中国 IV.C912.81

中国版本图书馆 CIP 数据核字（2009）第 080885 号

偷听城市——跟着耳朵去旅行

作　　者　周为筠
插图作者　王山甲
责任编辑　潘建农
策划编辑　许　挺
美术编辑　徐燕南
出版发行　国际文化出版公司
经　　销　北京国文润华图书销售公司
印　　刷　北京蓝海印刷有限公司
开　　本　710×1000　16开
　　　　　14.5 印张　209 千字
版　　次　2009 年 10 月第 1 版
　　　　　2009 年 10 月第 1 次印刷
书　　号　ISBN 978-7-80173-895-0
定　　价　25.00元

国际文化出版公司
北京朝阳区东土城路乙 9 号　邮编：100013
总编室：（010）64270995　传真：（010）64271499
销售热线：（010）64271187　64279032
传真：（010）84257656
E-mail：icpc@95777.sina.net
http://www.sinoread.com

【上篇　耳朵的旅行】

【中篇　南腔北调听城记】

【下篇　城市亚文化】

上篇　耳朵的旅行

第一节　嘘，听城

活色生香的城市

天下的城市都是一样，又是大不一样的。

宽马路、绿化带、别墅洋房、欧陆风情、商业步行街、市民大广场，在大江南北的任何一个城市，都可以毫不费力地找到这些原型，并且个个被冠以现代化、国际化的特色，真的“在中国，很世界”。

在很多人印象里，城市逐渐被定格在一片灰蒙蒙中，密布的钢筋混凝土，首尾相接的汽车，喧嚣嘈杂的街道，步履匆匆的上班族。麦当劳一定连着肯德基，耐克旁边必有阿迪达斯，街角处大多会有24小时连锁超市，大小报刊亭的显著位置肯定摆上《读者》与《知音》，人民路、解放路与中山路当然是必不可少……

城市带着让人窒息的气息，似乎所有的景物都变成了灰白，扑面而来的是漫天物欲。这里的胡同弄堂被推平，老房子旧院落被拆迁，山被削秃湖被填平，到处大兴土木盖高楼，就像是一个个扭曲变形的巨大工地。城市最后剩下的，只有一张张毫无个性的脸。

而这些面目日趋相同的城市，又怎样去表现自己别具特色呢？

于是，古代、近代甚至史前文明统统被翻箱倒柜找出来，传说史记、逸闻故事、才子佳人、帝王将相你方唱罢我登场，反正城市历来就是有仙则灵、有龙则灵的胜地！大观园、唐宫宋城、明清古街、民族风情园，毫无历史沉淀的假古董大行其道，各大城市上演疯狂克隆。

历史名城、文化遗产、魅力名镇、古街老巷，有称号的升级翻新，没有称号的绞尽脑汁，实在不行了自己生搬硬造。像“生活品质之城”、“博爱之都”、“北方明珠”，你知道指的是哪些城市吗？估计只有看了CCTV4上各个城市形象广告才知道，如果答案依次是杭州、南京、大连，那么你觉得以上称呼可以做这些城市的名片吗？

这些还算搜肠刮肚动了脑筋，其他诸如“休闲之都”这类大路货，竟惹得N个城市一起抢夺，而像“江城”、“山城”这样帽子不知道戴在了多少城市头上。小香港、小巴黎、东方威尼斯、东方芝加哥……这些年大小城市有了国际眼光，又要和楷模城市扯上关系。

千人千面，如果人没了个性就没了人的魅力。一座城市就像是一个人，如果没了独特的个性，也就不存在城市特有的魅力。

中国的城市琳琅满目，至现在多达661座。这样一些城市，有的曾被各朝帝王选作都城；有的曾是当时的政治、经济重镇；有的曾是重大历史事件的发生地；有的因拥有珍贵的文物遗迹而享有盛名；有的则因出产精美的工艺品而著称于世。它们的留存，为今天的人们回顾历史打开了一个窗口。

1982年，国务院公布了首批24个历史文化名城，它们是北京、承德、大同、南京、苏州、扬州、杭州、绍兴、泉州、景德镇、曲阜、洛阳、开封、江陵、长沙、广州、桂林、成都、遵义、昆明、大理、拉萨、西安、延安。

1986年，又公布了第二批38座名单，即上海、天津、沈阳、武汉、重庆、南昌、保定、平遥、呼和浩特、镇江、常熟、徐州、淮安、宁波、歙县、寿县、亳州、福州、漳州、济南、安阳、南阳、商丘、襄樊、潮州、阆中、宜宾、自贡、镇远、丽江、日喀则、韩城、榆林、武威、张掖、敦煌、银川、喀什。

1994年．第三批公布的名单则是：正定、邯郸、新降、代县、祁县、哈尔滨、吉林、集安、衢州、临海、长汀、赣州、青岛、聊城、邹城、临淄、郑州、浚县、随州、钟祥、岳阳、肇庆、佛山、梅州、雷州、柳州、琼山（后被海口合并）、乐山、都江堰、泸州、建水、巍山、江孜、咸阳、汉中、天水、铜仁，共37座。

此后国家又陆续批准新的历史文化名城：凤凰、山海关、濮阳、安庆、泰安、吐鲁番、特克斯、绩溪、金华、海口、无锡。一共是11座。

在这661座城市中，有110颗异彩纷呈的历史文化明珠。每个城市的山水形态各异，巴山蜀水、齐鲁燕赵、楚水汉天、淞情水韵、二樵珠江、江南水乡各有千秋，各自大相径庭的自然气候和历史文脉，民居因山水形胜而独具特色，生于斯长于斯的人也大不相同。各大城市只要稍微用心去体味和建造，又何至于形成“千城一面”的尴尬呢？

城市是一个以人为主体的创造物，是文明的生成地和传播点。也许每座城市辐射范围的大小、影响能力的远近，经常因时就势而变。但无论如何变化，作为特定的一个区域政治、经济、文化中心，却始终未曾动摇过。历史沧桑变幻，城市总能领风气之先。

一座城市的独特品位，往往通过这座城市的文化和这座城市的人得到充分体现，正如男女老少各有不同的性格一样，城市也各有各的性格。性格是城市的独特之处，是城市的灵魂。

城市性格是一种历史的产物和文化的凝结，一旦形成便很难脱胎换骨，岁月的变迁只会磨损她的容颜，而不会消蚀她的脾性。历史的印记在城市坚硬的大街小巷中，往往烙下最深的印记。长期置身于某个城市的红尘深处，也许不会识得庐山真面目。而一些城市的外来旁观者，往往却能体味深刻，别是一番滋味在心头。

人们初来乍到一个城市，总会对这个城市有一个或深刻或笼统，或朦胧或清晰的感性印记，再一比较一体会便觉得气象万千。很多城市都有她独特的性格和气质，这是千百年文化积淀的结果，厚重的西安，细腻的苏州，温馨的厦门，时尚的上海……无不体现其各自不同却又是浓厚的文化底蕴。

即使是同被称为江南水乡的苏州和绍兴，也各具不同的韵味，苏州就像年方二八的少女，而绍兴却如新嫁之少妇；苏州多了一些少年的如幻梦境，而绍兴却弥漫着现实的生活气息。

正如罗马不是一天造成的，城市是历史文化的积淀，以及居住在这个城市中的人所决定的。自古以来，我们关于城市特色的各种民谣史不绝书，比如“生在杭州，死在柳州，穿在苏州，吃在广州”，“上有天堂，下有苏杭”。这都是妇孺皆知的关于城市的老段子，它们恰当地表达出了这些城市的“兴奋点”。

一个城市如果说只剩下了堆积的建筑物，那这是一个没有了灵魂和生机的城市。现代化的城市并不是将所有的古老建筑都打碎，代之于时尚的、摩天的、蒙太奇甚至新奇的东西，而是对传统文化的反思和发展。比如罗马、巴黎、巴塞罗那保留着千年的古建筑，非但丝毫没有改变其现代化的进程，而且更成为其文化积淀的延续。真正的现代化不是邯郸学步、东施效颦，那样只会使城市变得不伦不类毫无性格。

南方北方自不同

南方和北方历来就是一个有趣的话题，在成语中有很多约定俗成的说法，比如南辕北辙、南征北战、南拳北腿、南腔北调，这些说法从来就是不能随意颠倒，南辕北辙不能说成北辕南辙，南腔北调也不能说成北腔南调，如果一不小心颠倒了，那就成了颠倒南北了。

最近这个南北问题又成为热门话题。江苏淮安建成“中国南北分界标志园”，安徽蚌埠树起了标志南北分界的“火凤凰雕塑”，河南信阳也迫不及待地宣称自己才是最正宗的南北分界所在地。本来处在同一条“战线”的兄弟城市，关于谁更能代表南北地理分界争得不可开交，那么到底谁才根正苗红呢？

在此之前倒毫无异议，因为横贯中国东西的秦岭——淮河一线被公认为中国南北地理分界线。这条线贯穿陕西、河南、安徽和江苏四省，横贯大小几十个城市，但从来没有哪个城市自称最能代表中国南北地理分界线的典型城市。原本很明晰的南北分界线，根本不是哪个省哪个地区所垄断的，它是自然的、地理的概念，包含了极大的地理区域。因为中国南北差异实在太大，各个城市都想借此噱头吸引眼球。

南北问题既简单又复杂，注定让许多人陷入文化迷乱中。所以，有网友恶搞说，建议淮安南北分界的标志球上，在北面写上“媳妇”，南面写上“婆娘”；在北面写“炕”，南面写“床”；北面写“馒头”，南面写“米饭”；北面写“处对象”，南面写“谈朋友”。从这些不同的词语，可以窥见南北差异的一斑。

杏花春雨江南，烈马朔风塞北，一直以来南北差异万千。南方有小桥流水人家，有稻谷荷花柳叶，有油纸伞乌篷船和青石桥。北方有平原草原高原，有小麦玉米红高粱，有历史文化和炎黄子孙的骄傲。就是天气也不一样，南方喜欢下雨，北方喜欢下雪。

南方的雨下得缠缠绵绵，点点滴滴，淅淅沥沥。杏花争发，杨柳霏霏。随风潜入夜，润物细无声。像少女的爱，羞羞答答。雨点打在西子湖畔、苏州园林、绍兴水乡；打在了桂林山水、永定土楼、西关大屋上；打在凤凰古城、茶马古道、苗疆边墙上。使人想起悠长的雨巷，想起撑着油纸伞像丁香一样的姑娘……

北方的雪下得酣畅淋漓，千里冰封，万里雪飘。山舞银蛇，原驰蜡象。忽如一夜东风来，千树万树梨花开。像小伙子的爱，热情四溢。雪落在大寨梯田、塞上江南、长白山麓上；落在陕北窑洞、平遥大院、草原敖包上；落在山海关、黄河风陵渡、万里长城上。使人想起苍凉的黄土高原，以及白皑皑的林海雪原……

南北地理不同必然造成心理差异，从而为人处世风格迥异。同样在春秋战国诸侯争雄，面临亡国危险之下，北方燕国公子派荆轲去刺秦王，风萧萧易水寒，击筑和歌，慷慨悲凉！而南方越王勾践却卧薪尝胆，他送给吴王夫差的不是刺客而是美女。即便同样是行刺，吴人要离断臂刺庆忌，耍了一个苦肉计，不像荆轲来的直接。而如“二桃杀三士”、“田横五百士”这样的悲壮义举，也只能是路见不平一声吼的齐鲁好汉才做出。勇智之间难分上下，然而行为方式差别背后的心理差别却显而易见。

《晏子春秋》云：“橘生淮南则为橘，生于淮北则为枳，叶徒相似，其实味不同。”南方的才子北方的将，温暖湿润的气候让南方多水多桥，使得此地成为鱼米之乡，才子佳人们喝茶吟诗舞文弄墨。壮阔苍茫的天地让北方民风雄浑，男儿从小就骑马饮酒，驰骋边关逐鹿中原。一部中华民族史就是北方游牧民族与南方农耕民族纷争与融合的历史。

历史上南北多少次分分合合，到最后统一全国的力量大都来自北方。唐宋后经济中心南移，出现“苏湖熟，天下足”的富庶。特别是到了近现代，南方经济飞跃发展，使得南方优势不断加强，因而形成“北方出当官的，南方出经商的”格局。

鲁迅曾言：“相书上有一条说‘北人南相，南人北相者贵’。我看这并不是妄语，北人南相者，是厚重而又机灵；南人北相者，不消说是机灵而又厚重。”的确，南人长于心力，北人长于体力。南人像是善于讲道理的秀才，北人则像喜欢用拳头说话的大兵。倘若经商的南人去北方，怕挨揍；经商的北人去南方，怕被骗。

林语堂认为，北方人习惯于简单质朴的思维和艰苦的生活，身材高大健壮，性格热情幽默，吃大葱，爱开玩笑，但比较保守；江浙人习惯于安逸，勤于修养，老于世故，头脑发达，身体退化，喜爱诗歌，喜欢舒适……他们是精明的商人，出色的文学家，战场上的胆小鬼；而最南端的广东人有事业心，无忧无虑，挥霍浪费，好斗，好冒险，图进取，脾气急躁；湖北人信誓旦旦而又喜欢搞点阴，真所谓天上九头鸟，地下湖北佬；湖南人以勇武和坚韧闻名，是古代楚国武士后裔中较为使人喜欢的一些人……

南北的地理差异进一步导致文化的差异。苏轼的一个门人曾比较东坡与柳永的词曰：柳郎中词只好十七八女孩儿，执红牙拍板，唱“杨柳岸，晓风残月”；学士词须关西大汉，执铁板唱“大江东去”。这一说法恰好亦可用在南北的文艺对比上。例如北方唱戏热闹喧天，像秦腔干脆是吼出来的；而南方唱戏则委婉生动，昆曲越剧、黄梅戏风格婉约的近似于民间小调。很多文学史和文论都曾以地理纬度划分文学，比如刘师培的《南北文学论》。

南北差异在城市上反映也格外明显，犹如性别上的男女之别。西安、北京、洛阳、开封、沈阳，这些城市就如北方汉子一般。的确，中国最男性化的城市只能在北方，这里天苍苍野茫茫，城头祭起的是猩红大旗，朔风劲吹的是黄沙尘土。天地壮阔注定了这里城市个性的张扬与心胸的宏大，作为古都向来都四平八稳地坐北朝南，威加海内四夷臣服。

而南京、杭州、成都、重庆、昆明，这些南方城市个个都是女性化。有人形象地形容，南京是侯门诰命，杭州是大家闺秀，成都是宝钦初嫁，重庆是徐娘半老，昆明是二八少女。但在中国的传统伦理道德下，不管是什么样的女子，终究要处于附属地位。历史上这些城市也曾作过都城，但那大多是偏安一隅的小王国，好比乱世红颜躲在厢房里偷

享一时之欢，转瞬间期期艾艾的香消玉损。难怪在南方建都的，基本都是短命的王朝。

城市的发声

任何一座城市里，都有这样那样的声音，没有声音的城市那是座死城。

每座城市的声音有许多相同相似的地方，但更多的是截然不同的表达。声音有时会成为一种记忆，饱含着人们对城市的感情。那些叫卖、吵骂、说唱、喧哗，透显出一个城市的风貌和活力，它们既是一种声响艺术，也是一种生活印记。

然而，城市不舍昼夜地制造喧嚣，让人们逐渐厌烦城市的发声。城市里有商家为招揽生意的叫卖声，有小作坊的电动工具声，有街头泼妇的叫骂声；城市里有麻将和牌洗牌的哗啦声，有KTV里吊嗓子的飙歌声，有小区里猫叫犬吠声；城市里还有塞车时的喇叭声，有飞机从头顶呼啸而过的声音，有火车长笛划破夜空的声音……

生活在城市的人们几乎都有过被声音干扰的经历，无奈地听着室外建筑工地上机器的轰鸣声，窗外马路上川流不息的汽车飞驰声，无处不在的声音突破了一道道障碍，让人的耳朵无处躲藏。这些声音本身就是城市化的一部分，昭示着如火如荼的城市化进程。

这些噪声的喧嚣取代了沉静而成为生活的特征，使纯净的声音因微弱而不能再激起任何感觉的涟漪。人们仿佛厌倦了城市里的声音，都希望自己拥有一片安静的绿洲，远离城市的喧闹和嘈杂。

其实城市不仅仅只有那些噪声，只要你平心静气，重新听听自己或者别人的城市，听听自己和别人的生活，就会发现城市的声音充满着情趣。劳动时的号子、街头的叫卖、路人的对白、车厢里的窃窃私语……这都是一个城市的生命跳动，若它们寂静无声了，城市的一部分也烟消云散了。

曾有几位英国艺术家来到中国，在上海、北京、广州、重庆先后举行“都市发声——今昔声响”活动。他们在这四个城市街头安装录音装置，根据捕捉到的人们日常生活中的声音进行艺术创作。“都市发声”是一次艺术活动，面向公众而不是小众，和当代中国人的生活发生关系，而不是骄傲地超越时代，让大家感觉到城市的另一面，将音乐从音乐厅中转移到大街上。

“都市发声”评选城市值得保留的声音，其中有老上海的童谣“摇啊摇，摇到外婆桥”与“栀子花，白兰花”；京城小商小贩意味深长的吆喝；羊城人早茶的旋律；重庆街头讨价还价声……

这些别具特色的声音，都可以作为一个城市的历史记忆。比如在澳门博物馆民俗风情展览陈列中，可以看到清末民初，澳门街市各色商贩的泥塑，如弹棉花的工匠、剃头挑子、凉粉担子等，细心的澳门人还将不同商贩、手艺匠人的吆喝采录下来，配上解说供人欣赏回味，使得城市历史跃然眼前。

像这样的叫卖曾遍及大江南北的每一座城市，走街串巷的小贩所卖因时而异，季节感非常显著，听到门外一声叫卖，便直觉某一季节已来临了。陆放翁在杭州“小楼一夜听春雨，深巷明朝卖杏花”，就是由耳闻而引发幽思。

各地叫卖各有千秋，比如北京小贩吆喝起来，形式丰富多彩，声调悠扬跌宕。侯宝林说相声极善于学唱小贩吆喝，一声“闹块尝啊”的卖瓜声，听起来清脆爽朗、余韵袅袅！音乐家谭盾更是把老长沙的叫卖旋律，提炼为音乐元素，将民俗文化演绎成儒雅的交响乐。

每个城市气象万千，城市的声音也是各具特色，我们每天在繁忙的城市穿梭，是否留心听过我们身边的各种声音呢？如果让你用身边的声音来描绘你的生活，又或是城市的特点，你会选择什么样的声音呢？

“卖芝麻糊啦！”江南的麻石小街向晚，挑担的母女走进幽深的陋巷，油灯悬在担子上晃晃悠悠，男孩挤出深巷，伴着叫卖声和民谣似的音乐响起，“小时候，一听见芝麻糊的叫卖声，我就再也坐不住了”……这则关于城市声音的记忆，虽然是商业广告，却唤起了多少人的心理共鸣。那或凄美低沉，或高亢悠长的城市声音，几成心头隽永的回忆，好比陈年老窖历久弥醇。

听一段城市声音的历史，对于急遽变化的社会生活和语言环境，是大有裨益的一件事。如今很多声音都被日新月异的现代化进程吞没，城市里各种声源逐渐退化、衰弱直至消失。声音所代表的生活方式、生存状态和行业，也随着声音而人间蒸发。

没有声音再好的戏也出不来，我们需要对声音投入细腻的人文关怀。较之恢弘粗砺的历史遗迹，城市声音充其量只能算一个微小的细节，但有细节的历史或许才能点燃心灵深处的烛光，带来真实而温暖的集体记忆。

我们已经进入一个声音的时代，城市里有各种各样的声音，你应该去怎么体验，哪些是该屏蔽的，哪些又是该接受的呢？

听口音不是本地人

《圣经》里有故事说，世人为了和上帝取得平等的地位，于是商量创造通天塔。上帝知道后，大怒之下毁了通天塔，从此让世人运用不同的语言，以防止他们再团结起来威胁自己的地位。上帝这下轻易得逞了，语言不通了，彼此无法交流，鸡同鸭讲，如何才能齐心再造通天塔？

中国人似乎根本用不着上帝担心，因为各地方言差异实在太大，南腔北调之间几乎等于德语和法语之间差别。要不一夜之间红遍北方的“非著名相声演员”郭德纲，也不会发誓要红遍江南。南方人难以理解北方俚语，说学逗唱的相声也因语言上的隔阂，难以跨过这道南北鸿沟。

南方北方可以使用汉字交流，但由于语言发音差异而无法直接交流，南北方言大致分为七种，依次为北语、粤语、吴语、闽语、湘语、赣语、客语，其中南方独中六元。北方方言虽然品种单一，但覆盖面却大得吓人，占全国面积的四分之一，人口多达三分之二。北语内部高度一致，从哈尔滨到昆明，相距三千公里，但两地人通话却没太大的困难。

南方方言名目繁多，各地之间语音上的差别最大，比如吃饭的“吃”，北方怎么说也能听出“吃”，只是声调长短高低各不同而已。但是换到南方，那学问可就大了，恰、掐、夹、塞、切、七、噎、食，叫什么的都有。这五花八门的腔调，彼此怎么能交流？就算同属闽语的福州话和厦门话之间，交谈都有困难。

各个地方人说话发音部位也不一样，比如上海人是用舌尖发音，所以声音细柔，很像上海人精细的性格。北京人说话大都鼻音很重，很有些傲慢和不屑一顾的语气，也很符合天子脚下的那种优越感。而兰州、太原则代表了典型的憨厚和诚恳的西部特点，他们用胸腔的共鸣来表达自己，每句话的前面都要加一个“啊”，或者在后面缀一个“嘛”字。沈阳人、哈尔滨人则是用舌的根部发声，也就是说几乎用了所有的力气来说话，没有保留地无私奉献。重庆多山，山上山下喊话，要着力提高语言尾音，更有山体回声，悠扬委婉。

俗话说“改不掉方言的是伟人”。对老一辈中国人来说，能模仿几句毛泽东的湖南口音、邓小平的四川口音讲话，几乎是一种时髦行为。而在现实生活中，方言成了区分地域属性的最准确标准。如果语言不同的话，很难融入一个地方。所以，每个地方的人都具有相对的独立性，恰

恰是方言在起这个划分界限的作用。外地人到一个城市，一张嘴别人就会说，听口音不是本地人呀！

温州人被称为“东方犹太人”，他们有一个极其重要的特征就是“抱团”。无论是流传已久的“炒房团”、“炒煤团”，还是在世界各地做着各种生意的温州人，基本上是集体行动：一人说行，亿万砸入；一人反对，全军撤退。识别对方是不是自己人的一个重要方式就是方言。如果不是温州人，不懂当地方言，是很难融入他们的圈子，更遑论取得信任和左右局势。

“少小离家老大回，乡音未改鬓毛衰。”一口浓浓的家乡话，似乎让多少游子有了心理的归宿。历史上顽强守护自己乡音的例子很多，比如国民党桂系首脑白崇禧命令子女，不管在外面讲什么话，回到这个家必须讲桂林话。乃至他的儿子——著名作家白先勇，尽管在桂林一出生遇上抗战，没待上几天就辗转流徙于四方，却能讲一口标准的桂林话。

在东南沿海的客家地区甚至有条祖训——“宁卖祖宗田，不改祖宗言”。有着“处处为客，四海为家”悠久历史的客家人，在坚守文化疆界方面表现得格外顽强，虽然各地客家话都在不断发生着变化，但大同小异的客家话还是成为客家人相互认同的一个重要标志，彼此一张嘴便知是同根同源。

韩少功的《马桥词典》就是极具特色的方言标本，马桥是作者上山下乡待过的小村，他把种种浸润了特定文化民俗的方言一个个挑拣出，又用一桩桩充满乡土气息的事情缓缓道来。那一句句方言便不再苍白，而是灵动鲜活地再现了下里巴人的真实生活，向人们展示了一个个鲜活的生命和往事。

这么一个地图上都找不到乡旮旯，却有这么多独特方言，可见南方方言的复杂性。在南方，往往翻过一座山头、过了一条河，口音马上就大相径庭。就算是同一种方言，如吴越方言，上海话与苏州话就大不一样，杭州话与嘉兴话也相去甚远，宁波话与无锡话更是鸡同鸭讲。

语言是划分文化最锋利的“刀”，各地语言各具特色，包含了原汁原味的当地风土人情，所以，很多地方文化在当地方言的包裹中滴汁不漏地存在着。方言中那种浓浓的味道，让说者身心顺畅，让听者回味无穷。

早在20世纪80年代初，央视春晚就是南腔北调会聚一堂，方言小品相声成了老百姓喜闻乐见的艺术。赵本山的东北普通话、巩汉林的广东普通话、赵丽蓉的唐山普通话、郭达的西安普通话和大兵的长沙普通话——央视的春晚不知道捧红了多少地方方言，拿方言开涮的小品已经成为了每年春晚的最大卖点。

以赵本山为代表的东北小品演员，愣是使有些幽默色彩的东北话在嬉笑声中“普通”起来。自1990年赵本山登上春晚，马上有影视公司找他拍喜剧《一村之长》，方言剧从此开始全国开花。赵本山连续多年成为春晚的台柱子，在他与高秀敏、宋丹丹、范伟这些“赵家军”的“忽悠”下，东北话成为文艺界当仁不让的霸主。“赵家军”领衔主演的东北方言剧“刘老根”系列与“马大帅”系列在央视播出后，使得“忽悠”之后全国一片“咋整”声。

方言所蕴涵的独特生命力，更加贴近当地民众的真实生活，各地方言节目也如火如荼。如杭州《阿六头说新闻》、《杭州佬》这类节目大受追捧。长沙方言剧《故事酒吧》创下高收视率。成都人甚至想起给经典影视进行方言配音上，成都话版《猫和老鼠》在一片爆笑声中创下了高销售纪录，也让全国掀起了给经典配方言的热潮。最后，不得不让主管部门担忧起普通话的命运，广电总局下令禁止播放方言版译制片。

其实说到方言，城市是一个非常独特的空间，有时能够代表一地，但有时却和当地格格不入。因为城市的人口是流动的，所以城市会产生一种奇怪的语言。比如杭州，杭州话与周边的农村格格不入。又如小城建德，讲普通话的城里人与周边农村完全不同，因为那是一座新安江水电站的城市。

探索方言，根本目的是为了品味历史，挖掘真谛，追溯渊源。了解方言，有益于交流沟通，减少误会。由于人类族群的迁徙、社会的变革、东西的交流、南北的融合、广电的传播及普通话的推广，方言也在随着时代的脉搏跳动。如今的方言还成为一种时尚，如果你要是在普通话之外，还能说上点方言幽默一把，那将是朋友聚会中的亮点。

方言有传承人文特性、维系乡土情感的作用。规范语言交际工具，推广普通话是社会进步的需要，不过还需要照顾文化生态的多样性。许多年以后，当人们运用理性工具，来破解一个城市的个性特征、遗传基因时，这些方言，或许是一个有价值的选项。

到一个城市，除了大街小巷的不同风韵，让人感触最直接的是不一样的口音和语言。想要了解一个城市，融入一个城市，能听懂这个城市的方言是最起码的要求。不过对很多走马观花的旅行者，听懂几句、学上几句各地方言，也算开了眼界长了见识。

第二节 听！城市的脉搏

城市的絮语

古希腊先哲苏格拉底说：上天赐人以两耳两目，但只有一口，欲使其多闻多见而少言。寥寥数语形象而深刻地说明了听的重要性。飞鸟用啼鸣歌唱生活，走兽用吼叫传达信息，我们用语言交流思想抒发情感。在人类不懂得用语言时，就知道利用声音的高低强弱诉说自己的情感。这就需要听，听是一种交流，是一种亲和的态度，是我们了解彼此心灵、领略城市的悠悠路径。

在一个城市里，总有一些我们不经意间听到的言语，或者好笑，或者有趣，或者能够代表我们这座城市独特的风貌。在讲台前，在人流中，在小巷深处，在高楼的阳台上，在奔驰的列车上，在温馨的小家里，只要愿意，随时随地都可以听到许多值得我们一生回味的声音。

那么，如果我们有一对敏感的耳朵，听到城市的芸芸众声、家长里短，听到他人的喜怒哀乐、悲欢离合……就可能从听来的只言片语中，感觉到一些极富魅力的生活情趣，以及崭新的时代特征。

几年前一次无意间的偷听行为，使美国人摩根·弗里德曼突发奇想建立了一个“偷听纽约”的网站，专门记录纽约市各色人等的谈话瞬间，如今，这个网站一个月就有几百万人次的访问量。弗雷德曼说："那些言语粗俗的内容更能吸引人们的目光，网站真是封寄给纽约的情书。"这位"偷听"始作俑者还出了一本书，名曰《偷听纽约》，使得美国又刮起了一场"偷听风暴"。

近年"偷听纽约"的星星之火，越洋过海。一瞬间，在华夏大地有了燎原之势，"偷听北京"、"偷听上海"、"偷听广州"、"偷听西安"、"偷听成都"……一时蔚为大观。好似人人个个竖起了耳朵，在偷听我们或古老抑或年轻的城市，听她们窃窃的私语。

"偷听"热潮被引爆是很自然的事，熟悉的场景，熟悉的表达，令大家产生共鸣，并且发现原来身边的事情有这么多值得留意的，于是就有了这场旨在关心城市原生态文化的"偷听热"。

这个"偷听"并非悄悄走到人家窗前檐下去听八卦，而是对这个时代社会生活最真实的记录和表达……听街头的修车老人阐述他对日子的看法 ：听重病患者坦然面对生命的表白；听屡遭磨难又屡次站起的男人悲壮的经历；听成功人士掷地有声的慷慨陈词；听那些用汗水和智慧浸泡出的辉煌往事；听那些让热血沸腾的感人情节……

"偷听"不是一种采取不正当手段、以窃取别人隐私为目的的"偷听"。相反，它是在尊重大众言论自由基础上的公开记录。所谓"偷听"，其实就是日常生活中一些别人的话语有意无意地溜进我们的耳朵里，用文字记录下来，再配上简单的背景介绍。这些生动的话语里，有的惹人发笑，有的发人深省，一听让人回味无穷。由于各个城市的文化差异和独特的语言习惯，让市井生活中真实日常的场景，变成特定的语言文字形式后，便有了独特的意味。

"偷听"是用白描手法对城市生活的描绘，也是对这个时代最真实的记录和表达，不用渲染，不用修饰，一切来得那么活色生香，像一张用傻瓜相机随意留下的照片。就如贾樟柯的电影里《小武》、《站台》的县

城，那留在画面上的共同生活记忆是那么熟悉，一旦以最真实的面目展示出来，真切却带有温馨的感觉，打动一颗颗敏感的心。

“偷听”这个词语用得也许有点猥琐，但有价值的事都要有个噱头，在阅读传播中，要想引起别人关注，需要有一些“眼球”词，比如偷听、裸体、走光……

梁思成说：“城市是一门科学，它像人体一样有经络、脉搏、肌理，如果你不科学地对待它，它会生病的。”

嘘，懒于沟通，甚至浮躁的都市人，让我们安静片刻来偷听城市的脉搏！

在城市之间

在诗词的字句缝隙，城市历来是寻梦的地方。多少年来，城市总是被文人墨客编织在精神罗帐中，城市总是怀古凭吊和发生故事的地方。唐诗、宋词、元曲里满是城市的身影。

听到“姑苏城外寒山寺，夜半钟声到客船”，总能让人想到苏州的幽幽难诉。

听到“山外青山楼外楼，西湖歌舞几时休”，总能让人想到杭州的山水醉人。

听到“十年一觉扬州梦，赢得青楼薄幸名”，总能让人想到扬州的奢纵华糜。

听到“朱雀桥边野草花，乌衣巷口夕阳斜”，总能让人想到南京的繁华已逝。

听到“丞相祠堂何处寻，锦官城外柏森森”，总能让人想到成都的蜀国风云……

这些古诗词成为城市的最好广告和广告词，城市的音容笑貌就在三言两语之间跃然纸上，如影历历，让人心驰神往。诱惑着人们掠过长亭短亭，去感受那些别样的城市风情。

当然，对大多数老百姓来说，有时听到某个城市则会立即联系到更为实际的东西。比如北京的烤鸭，重庆的火锅，绍兴的花雕，金华的火腿，扬州的炒饭，镇江的香醋，龙口的粉丝，兰州的拉面，沙县的小吃，南京的盐水鸭，西安的羊肉泡馍……这些家喻户晓的东西，都是各地"镇城之宝"。

苏州的园林，桂林的山水，济南的趵突泉，台北的阳明山，景德镇的瓷器，洛阳的牡丹，大同的云岗石窟，承德的避暑山庄……并不是这些城市只有这些东西，但这些脍炙人口的东西已成为城市特定的名片。人们只要一听到某样东西，就自然而然联想到某个城市。

同样是城市，咋差别就这么大呢？一个城市因为历史和文化的传统不同，才散发着不同的气质魅力。大城市有大城市的铺张和喧闹，小城市有小城市的精巧和安静。城市就像一个人，有自身的外貌形象和性格内涵，有自己的一技之长和看家绝活。具有特殊文化品格和精神气质的城市，无疑是最具吸引力而叫人难忘的。

城市特殊文化品格和精神气质的形成是漫长的过程，人文地理对一个城市形成至关重要。比如，杭州是三面云山一面城，一城山色半城湖，可谓是拥山抱水，怀瑾握瑜；济南是四面荷花三面柳，一城山色半城荷，可谓是湖山掩映，花木扶疏；南京是钟山龙蟠，石头虎踞，这股王气惹得秦始皇都忧心忡忡，不得不开凿秦淮河以泄之……几乎所有的城市都和山水扯不开关系，背山面水几乎构成了城市基本自然选址法则，山城、江城、绿城是很多城市的写照。

除了山水名胜，城市的片区、道路、雕塑、标志物，有很多是具有特色元素，是城市的重要组成部分，比如，北京的胡同、天津的洋楼、

重庆的朝天门、上海的外滩石库门、广州的珠江两岸上下九……这些构成了城市的特色基因，是城市固有并不可复制的形象。比如，北海老街的法式骑楼、青岛海岸边的红顶洋房、喀什老城曼陀罗式的街道、平遥古城参差错落的层楼大院、湘西凤凰小城江岸边的吊脚楼……各个城市的建筑形式与色调又各有乾坤，这些特色鲜明的城市让人耳目一新。

城市是人类智慧文明的结晶，是历史文化沉淀在大地之上的杰作，不同文明创造出形态各异的城市格局。老北京城的中轴线，这条长达几公里的线宏伟起伏；西安城的古城墙，方方正正的把城市围拢在里头；江南水乡绍兴，道路河流纵横交错，建筑依水而成；徽州歙县、婺源青山绿水，白墙黑瓦的民居错落有致……

而台北可谓中国城市的集大成者，城市各个街巷都是以大陆城市命名，方位基本按照中国版图位置排列，恍如一张缩微的中国地图。比方说，走到沈阳路，你就知道，这是在台北的东北，假如是厦门街，那就是在东南方。转完台北大街小巷，听名字宛如漫游过中国的各大城市。

城市何止这些，除了都城型的“七大古都”，还有商业都会型的“扬淮益苏杭”，外贸型的“广泉明登”，军事贸易型的“河西四郡”、“九边重镇”，或是几十个地方型中心城市、几十个民族特色城市……

就连一些城池完好古色古香的兴城、镇远；山清水秀民风淳朴的丽江、大理；高宅深院的三晋祁县、太谷；蓝色天城的呼和浩特，美丽草场的乌鲁木齐，银色山川的银川，河西走廊通道的兰州……她们别样的奇韵，风姿各异，听得让你恍若隔世，不知有汉，无论魏晋。

这些城市争奇斗艳，一时真难分高低，但偏偏有人要给各个城市一决高低。香港的中国城市竞争力研究会，对中国诸多城市的“美丽指数”进行口碑调查、计算和排名，从“城市规划设计合理，基础设施完善，建筑个性鲜明且整体协调，文化底蕴深厚，自然环境优美，公众有口皆碑”等方面综合考虑，得出年度中国最美丽的城市排行榜依次是：

北京古今交融美，香港动感都会美，深圳青春都市美，上海东方现代美，杭州湖光山色美，青岛蓝色宁静美，台北华脉传承美，澳门西洋遗韵美，西安古都文明美，大连北方时尚美，成都悠闲安逸美，威海幸福海岸美，重庆山城错落美，南京秦淮古风美，昆明春色浪漫美。

武汉九省通衢美，哈尔滨北国风光美，苏州古典园林美，珠海恬静闲适美，沈阳盛京寻宗美，合肥江淮人文美，长春北方春城美，秦皇岛海滨长城美，贵阳避暑之都美，厦门侨乡温馨美，拉萨心灵圣城美，三亚椰风海韵美，天津津门港湾美，大理南诏古国美。

榜单上的城市，有新秀也有显贵，我们大可不必在乎排名先后，最重要这个榜单总结出各个城市怎么美，美在哪里。一些民间机构亦通过评选，诞生了首批魅力城市，在全国661座城市参加的魅力城市评选活动中，有40座以上城市获此殊荣，并总结中国城市之最：

北京最大气；上海最奢华；南京最伤感；广州最说不清；武汉具最流动感；西安最古朴；大连最男性；苏州最精致；厦门最温馨；杭州最女性化；珠海最浪漫；成都最悠闲；重庆最火爆；拉萨最神秘；深圳最具欲望；香港最辛苦；台北最陌生。

“魅力城市”排行榜中的最具魅力的城市各怀“之最”。虽然我们不完全赞同片面的个性替代整个城市的性格，但毕竟凸显了城市的某一个性。

尽管这些评选有待时间的推敲，然而在复制和翻版现象无情地吞噬着城市的个性魅力时，城市也来场选秀，给正在趋于大同化的城市敲响警钟。

城市与人

一座城市的魅力是人不是楼，人是城市的载体和灵魂。人是城市的经脉，而城市的经脉恰恰是城市的关键。

三里不同乡，五里不同俗；离城十里路，各有各乡风。别说南北的差异了，就是相隔三五里，也会让你感觉，差之毫厘，失之千里。

环境造就不同地域的不同城市，不同的城市环境又影响人。长期生活在一个城市，根深蒂固的遗传，耳濡目染的浸润，城市的性格自然渗透在人们的衣食住行里，言谈举止中。有人说北京霸气、上海时尚、深圳酷气、苏州精致、成都悠闲、西安古朴……这些城市的气质必定表现在人的身上。

每个城市的文化都多少体现在城市人身上，比如人们常说：没有北京人不敢说的话；没有上海人不敢出的国；没有广州人不敢挣的钱。到了北京才知道官小；到东北才知道胆小；到了上海才知道楼小；到了广州才知道钱少。北京人眼中外地人都是下级；上海人眼中外地人都是乡下佬；广州人眼中外地人都是北方人……

北京人生活在天子脚下，因此动辄就会说一些未经证实的内部消息。上海是国际化的城市，所以出国机会和交流特别多。广州人是靠经商发起来的，所以言谈常常离不开钱。

这些说法不是空穴来风或无稽之谈，北京、上海、广州这些城市的天壤之别，自然各个城市人因为所处环境不同而不同。近朱者赤，近墨者黑，由于受了城市风气的熏陶，也都是一样的毛病。同样一件事情，不同城市人，往往表现大相径庭的反应和态度。

有个笑话说，有四个太空人降落在中国的四个城市。第一个太空人降落在北京，北京人讲政治，喜欢管闲事的居委会老大妈，一发现就立即报警去了，说天下掉下一个特务。第二个太空人降落在上海，上海擅长于利用机会，看到就说这个东西好玩，送到动物园里卖门票肯定赚。第三个太空人降落在广州，广州说这个东西，从来没有吃过呀。第四个太空人降落在成都，成都人把他叫师兄，直接说三缺一，过来打麻将吧。

在一些民间俗语中，不同城市人有着不同的性格特点，武汉人是“九头鸟”，南京人是“大萝卜”，西安人是“愣娃”。

若长期生活在一个城市，难免会沾染上一个城市的习性。最著名的例子是，当年郁达夫要移居西子湖畔，鲁迅就写诗极力劝阻，为什么呢？因为杭州这座南宋旧都，尽管近千年过去了，仍留着一股弥散不去的奢靡之气和一点儿颓废。这座江南城市秉承了精致古典，极其阴盛阳衰，这儿的人自然温婉闲适，非常细致的生活。在这种气压下，杭州人日益变得琐碎，小气，气量狭窄，不肯吃亏……

相形之下，很多北方城市就气象阔大，比如北方的呼和浩特，这座城是古代的军事塞城，古来男儿当出塞，过去此地男性居多，所以积淀下来的城市性格是很豪气的。城市的环境和标志建筑高、大、阔，城市建筑的线条棱角粗实方正，透出的是股英武气。这城市的人自然是粗线条的，大块吃肉大碗喝酒，豪爽不羁。

原因可能归结为城市的人文地理，这对城市人的性格影响很大，我们都知道黄土文化、海洋文化这两个名词。西安、太原就是黄土文化的代表之一，海洋的开放文化对它们影响微乎其微，因此这里人具有憨厚朴实、相对守旧的性格特点。广州、深圳则是海洋文化的代表地区，因为临近海洋与其他国家和地区海上航行交流的机会很多，受外来文化的影响也多。这样就形成了广州人容易包容和接受外来文化和新鲜事物的心理特征。而像济南、青岛的地理位置比较特殊，一边伸向太平洋，另一边伸向黄河，受双重文化影响；同时又处于南方北方过渡地带，所以当地人具有南方与北方双重性格特点。一方面精明能干，另一方面豪爽冲动。

不同城市差异因为文化，不同文化熏陶下的城市人，自然有不同的活法，说起话来也是五花八门。比如就是同样一个挣钱，从说法上听来就可以看出差异万千。

北京人挣钱爱说“发了”，喜欢问人“在哪儿发财呢？”听起来牛气冲天，仿佛人人都能一夜暴富。皇城根下的人一般不屑挣小钱，人人是做大事的料。所以这儿大款特多，人人都爱开公司、搞项目。

上海人则稳扎稳打的求富，所以说“赚钞票”。上海虽人人削尖了脑袋想发财，但又不奢求荣华富贵。这个城市贫富悬殊很大，但贫富阶层都各得其乐，井水不犯河水。

广州人挣钱叫“食钱”，因为广州人爱吃，所以挣钱似乎都是为了吃。不过，粤语中食也是找的意思，这就有主动出击去赚钱的心态。广州人特别务实，也有生意人头脑，无论大钱小钱都要挣。在广州人眼里挣钱只是养家糊口而已。

“混钱”是西安人一种说法，透露出一种油滑的市民心态。西安经历过多少王朝更迭沧海桑田，已经对啥都无所谓，凡事能混就混得过且过。而杭州人说“蹭铜佃”、“蹭铜板”。铜佃、铜板在浙江方言里是钱的意思。杭州是人间天堂，这里物产丰富百姓富裕，挣点钱不是件难事，似乎随便蹭一下钱就到手。

成都人说挣钱爱说“薅钱”，朋友见面会说，“你最近薅到钱么？”成都人天生随遇而安，连说挣钱都有种戏谑游戏的态度。重庆人说“搞着”就是指挣钱或追女人。想挣笔钱或想追女人，称“要搞着”；挣到钱了或追到女人，别人会说他“搞到着”。这可能来自重庆的码头文化，很江湖很匪气，不在意挣钱的方法和过程，到手为王。

盐城人、淮安人叫“苦钱”，因为地处苏北的城市不比苏南富庶，出外都是靠卖体力，钱是一分一分靠力气苦来的。而相去甚远的昆明人也说“苦钱”，因为云南山高路远，很多人靠长途跋涉挣钱。传统的昆明人是羞于谈钱的，只要够用就不想多赚，拼命赚钱是辛苦而不光彩的事。

仅仅是一个挣钱的说法，就能反映出不同城市人的生活态度，那要是你身临其境地去听一座城市，听城市市井深沉的闲言碎语呢？可想而之，不同城市的人，一句简单明了的对白、一声意味深长的叹气，都能反映出这个城市的真实的状态和模样。

城市的另一种品法

“你有压力，我有压力！你点解要来挑衅我？”

“未解决！未解决！！未解决！！！”

巴士阿叔一语既出，迅即被捧为“城市心声”，轰动整个香港。“巴士阿叔”来源于网络上流传的一个“偷听”。在一辆巴士上，一位阿叔在大声打电话，后座的年轻男子不堪忍受，劝阿叔低声一点。不料阿叔却对年轻人开始了长达6分钟的训斥，发泄自己心中的郁闷。这个真实的片段被同车的人记录下，随后在网络流传，令“巴士阿叔”事件不断升级。光“巴士阿叔”这个片段改编的网络小品就多达几百个，随后又诞生了“巴士阿叔”广告等衍生产品。

“你有压力，我有压力！”一句话带出的是今时今日香港人的心态、压力和生存环境。香港九成人都非常忙碌，巴士阿叔的名字，更是成为生活在重压之下的港人群相标记。从某种意义上说，这种“你有压力，我有压力！”的“市井”语言就是最真实的城市记录，可以引起无数人的共鸣。

“偷听”原生态的城市生活是最能映照世俗众相，最能记录城市特色的。无独有偶，一个《偷听北京》的帖子首发于天涯网站，一个月点击率就超过4万，并被许多论坛转载。许多网友纷纷跟帖，写出了自己在城市里“偷听”到的原汁原味话语。

与单个火爆的热帖不同，这个帖子引发了连锁效应。网络上“偷听”成风：“偷听西安”、“偷听长沙”、“偷听上海”……如雨后春笋般诞生。甚至还出现专门“偷听”的网站。新的一轮网络热潮又汹涌而至。

俗话说“一方水土养一方人”，每个城市孕育出不同的人。城市极其可看，又极其可听。每个城市由于历史沿革、自然风物不同，生活在这些城市的人性格脾性自然不一。重庆话火爆，上海话软绵，东北话朴实，闽南话古奥……老北京的京腔京韵和上海人的吴语软侬，就算说出同一句话，味道肯定是差之千里。

金庸小说《鹿鼎记》里那个扬州妓院长大的韦小宝一进京城皇宫便惊叹：“这么大的院子，能装多少姑娘”。这就是一段扬州乡巴佬对京城浩大的颇有意思的感叹，被金庸“听”到记录下来。

“上海，女，副班长，华东组小组长，兼英语课代表。该同学洋气，解放前家里曾为买办，还有点神经病，经常无端怀疑别人打小抄。广州，男，生活委员兼华南小组组长，比较有钱，能力也不错，办了几份报纸，在班级很有影响，他讲话的口音在全班比较流行。杭州，女，语文课代表，班花，孤芳美人，学习成绩也很好……”

《新周刊》曾做过一个关于城市的“花名册”，非常有意思，把中国的比较知名的城市都汇编成一个班级的花名册，“班长”自然是北京，性别是“男性”。团支书是“天津”，历史课代表非“西安”莫属……这把每个提到的城市的性格概括得非常到位，而且风趣幽默。

“班长”、“课代表”、“劳动委员”说出话肯定不一样。哪方人不管走到哪里都会带有浓郁的地方色彩，一个细小的动作、一句不留神就溜出嘴角的地方话。

在拥挤的火车或者长途汽车上，你往往可以很容易地分辨出身边的邻位是北京人、上海人还是成都人。相同城市的人所说的话虽有不同，但异中往往包含着同；而不同城市之间的人，说出的话，那可就相去甚远，无论语音腔调，还是话语方式。

每到一个城市，偶尔在街面上逛逛，总会发觉一个城市和另一个城市的方言俚语、街谈巷议是那么千差万别。如果你是有心人，偷几句方言民谚歇后语之类，然后回来鹦鹉学舌，总会吊起大家对这座城市的胃口。

“听城”记录市井风情的方式是很有趣的，是一种有特色、有活力的文化形式。它记录了市井生活中有趣的一面，人们对生活中的喜怒哀乐，对美好与丑陋或表扬或抨击，是一个城市无意而真实的秘密。

“听城”像一轴清明上河图画卷。饮车卖浆、达官富商，都在这个方寸之城里上演百戏，让人感觉到生活内在的戏剧性，描绘出一个绘声绘色的城市。

“听城”将是一次不同凡响的声色飞扬的城市旅行，让你身临其境般地“听见”南腔北调，“听懂”天南海北人的个性表达。

“听城”其实就是一本另类版本的城市游记，是一个全新的角度来解读城市的方法。这里用耳朵和眼睛一起去“游城”，让城市体验的更加绘声绘色。

跟着耳朵去旅行，穿越时间的沉重芜杂，听在光鲜与灰暗间隙里悠悠传来城的沉吟，听历史和现实留给城的韵律。让我们去跟着耳朵，听风景，听往昔，听我们城市如何叙述自己……

中篇　南腔北调听城记

第一节　偷听北京

北京欢迎你

古今中外关于北京的文字可谓汗牛充栋，若要把这些抄下来，随便都能出本皇皇巨著。现在想描述北京，真像部不知从何谈起的二十四史。

在文人臆想中，北京总是那么令人神往的，这里有香山的红叶，北海的柳影，玉泉的夜月，西山的虫唱，法源寺的钟声。走在千年古城的大街小巷，总会让人想起郁达夫的那个名篇《故都的秋》来。也遐想在皇城人海之中，泡一碗浓茶往当院一坐，看那很高很高的碧绿的天色，听老北京用了缓慢悠闲的声调念叨，“一场秋雨一场凉了”！

青砖灰瓦、小袄布鞋、人力车、大碗茶……这些都是对老北京的印象，事过境迁已了无踪影。很多四合院、老胡同逐渐在消失，唯留下一些象征性的名字。龙头井、兵马司、琉璃厂、潘家园……这些寥寥两三个字的称呼里，充满着色彩与暗示。天棚、鱼缸、石榴树；老爷、肥狗、胖丫头，这些典型的老北京风情已成为历史的风尘，只剩下什刹海、鼓楼、锣鼓巷和国子监等依旧支撑着旧城的基本格局。

历史上的北京作为古都，历经辽、金、元、明、清五代，有三千多年的建城史。自金海陵王完颜亮迁都之后，至今近千年历史的大小细节与这座城市纠葛在一起，北京成了名副其实的政治之都。今日北京市之规模，实乃明太祖以下诸帝所陆续经营的。时至新中国成立，北京被定为首都，成了中国当之无愧的政治经济文化中心。

紫禁城内满眼古韵胜景，有着被称为世界城市建设历史上最杰出的城市设计范例之一——北京中轴线，它南起外城永定门，经内城正阳门、天安门、端门、午门、太和门，穿过太和殿、中和殿、保和殿、乾清宫、坤宁宫、神武门，越过万岁山万景亭，寿皇殿、鼓楼，直抵钟楼的中心点。这条中轴线串联着宫阙楼宇，统领着黄土灰瓦。

光从绵延7.7公里的中轴线就可以看出北京之大，在北京除非你整天猫在家，只要出门就会有一种永远在路上的感觉。早上提前一个小时上班，晚上新闻联播开始了还没有到家，要是打出租动不动就得要几十块钱。说北京城大，不单单是地方大，这里有最大的党政军机关、最大的金融机构、最大的大学研究所……别的地方有的，北京都有；别的地方没的，北京也有。

2008年奥运会的成功举办，无疑从各个方面助推提升了这个城市品牌价值。在全球的镁光灯聚焦下，北京日新月异地发展变化着。鸟巢取代了工体，奥运森林公园取代了亚运村，水立方、巨蛋、“大裤衩”……一幢幢奇迹般的建筑取代了过去的老式楼房。因为奥运，北京产生了亘古未有的变化；因为奥运，北京换上了崭新的外衣。

大多数老百姓一想到北京，就是天安门、中南海、天坛、故宫、圆明园、长城……这些都是具有浓厚政治象征的所在。在众多以北京为背景的影视作品中，这些政治象征也成了不可缺少的重要元素。

想真的领略这个城市的美丽，还得带上一份城市地图，穿梭于胡同小巷。或约三五友朋去逛琉璃厂、潘家园，感受古代文明的精美技艺；或到798、宋庄了解中国现代艺术的前卫思想；或是在夜幕降临时，踏进时光斑驳的南锣鼓巷，坐在露天酒吧，不见得要把自己灌得酩酊大醉，只是在各种语言的声响中，感受一个真实的北京。

谁是北京人

几朝古都，文化名城。这里的每一个街区、每一条胡同、每一座旧宅，差不多都有一段掌故。

北京的政治地位决定了其对外地人的吸引力，成为移民城市是必然的。谁是真正的北京人就很难说了，卖菜的很多安徽的，理发师很多广东的，经营涮羊肉的很多内蒙的……就算早扎了根儿，生活了几十年哪怕几代了，仍不敢说自己就是北京人，最起码不敢自称“老北京”。从20世纪末就开始的“北漂”大潮，让北京人构成更复杂了。现今北京城扩大了多少倍！两湖两广陕甘宁，真正的老北京早就成“少数民族”了。

现在说起北京人，一般是指拥有北京户口的人。这部分人大体上可以分成两部分，一部分是三代以上的老北京，就是大家在电视里能看到的那些说话北京味儿很足的人。另一部分是第一或第二代北京移民，大多受过高等教育。

不管是第几代北京人，长期生活在皇城根下让他们哪个没几分龙凤之气？这样就决定了这帮闲散的老少爷们儿浑身上下透着一股子“横”劲儿。十几年前，北京人给人的印象是，欺生排外、冷漠傲慢。而现在提起北京人，大多印象是能侃。为什么呢？

北京人的霸气、豪气、优越感正在消散，原本最引以为荣的几分傲倨，几分闲适，几分恬淡，几分超然，早已给汹涌而来的商品经济大潮所淹没，只剩下自娱娱人的精神劲儿。

地道的北京人是无所不知的。如果你在长途火车上昏昏欲睡的时候，要能碰到那么一个贫嘴呱舌的北京人，乃是人生一大享受。他们知道林

彪是怎么死的，蒋介石是怎么活下来的，让你明白原来一切简单的事情都是有内幕的。对国际国内事务，他们更是权威的发言人，因为还没听说有哪个北京人，没和政要名人做过邻居的。

生活在北京恢弘气派的建筑中，有不少傲慢张扬的脸。写字楼里进进出出的白领，有着漂在北京的艰辛。老胡同串子里，不乏老北京人的热情。超市外排长队等着打折的大爷大妈，让人觉得大国小民的不易。三里屯的霓虹灯下，布满了惬意放松的时尚男女。故宫长城这些名胜古迹，少不了一些外地游客来指点江山激扬心情……这些都是日常生活点滴组成的简单画面，都市百姓家常有的琐碎恩怨，然而却叫人心领神会，不时哑然一笑。

城市发声

1.“哦！吃啦甜来一个脆，又香又凉冰琪淋的味儿。吃啦，嫩藕似的苹果青脆甜瓜啦！”

——在炎炎的夏日，蝉儿使劲地鼓噪着，马路边的树荫下，一位小贩吊起嗓子，吆喝起面前一堆的西瓜甜瓜。这吆喝真是够诱人的，你看不少路人都停下匆匆的步子，凑了过去，买个瓜解解渴。

老北京的吆喝叫卖韵味独特，张恨水就说：“我也走过不少的南北码头，所听到的小贩吆唤声，没有任何一地能赛过北平的。北平小贩的吆唤声，复杂而谐和，无论其是昼是夜，是寒是暑，都能给予听者一种深刻的印象。”集市大街上的叫卖吆喝声丰富多彩，商贩们无论是挎篮的、肩挑的，还是推车的，在吆喝时，总是以一只手捂着耳朵，一边用恰当的形容词来夸耀。这样的叫卖用词颇有韵味，使人听了不觉厌烦。曾几何时，吆喝是旧社会小买卖人谋生的手段。如今，老北京吆喝已经列入第二批北京市市级非物质文化遗产名录。

2.“嘿，我跟他铁哥们儿，哪天有什么事叫他帮忙，我给您约约？”

——在饭馆，这位哥们儿酒酣耳热后，又再跟朋友吹跟某人关系。在北京听到这你可别当真。比如一个人见到他的朋友就说：“你知道我昨天跟谁吃饭了吗？优子呀！”大家问他怎么跟人高攀上，他于是会像上面那样说……后来大家总算弄清楚，若干天前葛优也在这个酒店里吃过饭，而这人从服务员那里听说的，还不知道真假。然而一见到朋友，就说“与优子在一起吃饭了”。

京城里名人大人物多，隔三差五远远地见个名人也不算是什么，北京人的这些爱好就算是在外地人面前展示地缘优越感，多了一点谈资吧。北京因为贴近中央，消息来路广，所以这些人聚在一起，没有一个不牛皮哄哄。

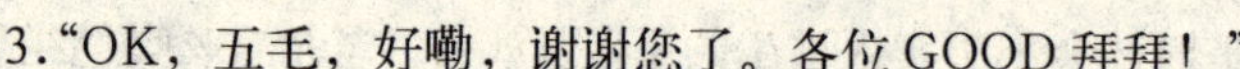

3.“OK，五毛，好嘞，谢谢您了。各位GOOD拜拜！”

——八王坟站，一个卖报的老人在吆喝了三分钟“最后一份报纸”后，终于为手里的《法制晚报》找到了买主。他欢喜地接过五毛钱，然后用地道的京腔向一群等车的人打了个招呼，穿过缓慢的车流扬长而去。

在北京听到几句洋夹土的话语您别惊讶，因为这儿的老外实在太多。在北京学外语的良好风气早就深入人心，从幼儿园到老年社区活动站都在培训英语，人人都想用外语对远道而来的外国朋友送上一句问候的话。很多的哥、卖报的都在学英语，没准什么时候给您来句。

4.“爆堵呀！你丫也堵着哪？现在都七点了吧，八点前肯定没戏。”

——下班时分，拥挤在老式的公交车里，一边淌汗一边看着前方的车龙，这时身边传来这个声音。一个小伙子在手机里向朋友说明情况。这可谓是北京“每日一歌”。

北京的交通用这道菜“爆肚”（爆堵）来形容恰到好处，上下班高峰期的二三环可以媲美停车场。比如下午时分从三元桥坐车到西单，至少得花上几十分钟。晚一些就更别说了，赶上上下班时间，别说西单了，去东单都悬。所以在北京请客吃饭办事的，至少得提前一天预约。

5.“在北京，找房子比找媳妇都难。这上面的，就是18、19楼的，都卖出去了，现在都涨到1万多。”

——小区内，三个老人站着唠家常。其中一个指着身旁的一个楼说。1万多一平方米其实也不贵，北京是什么地儿啊。

北京的楼高房多有目共睹，但人多地少也是不争的事实，所以外销公寓一度卖到近三千美金一平方米，令不少有实力的外国大佬也慨叹“京城居，大不易”。

6.“没有！”

——如果这句话不是从一个外国女孩嘴里说出来的，那么就没有什么记录价值了。八王坟站，每天傍晚下班的的时候，都有一个歪头斜眼的弱智乞丐向等车的人伸手要钱，但他一不向男人要，二如果女人不给，也不纠缠，马上把手伸到另一个人。给他钱的人很少，就连这个金发碧眼的姑娘都学会这么干脆的拒绝了。

北京的乞丐多，像一条条破布挂满街头巷尾，有次三名外国游客在红桥市场外，被一名女乞丐以“牛皮糖战术”缠晕，这个“外交事件”使得北京痛下决心号召市民不要向乞丐施舍钱物，并进一步完善收容和救济工作，力争少了一些脏兮兮手伸到你的面前。

7.“你们是哪儿的？”

“肉是屠宰厂的，人是超市的。”

“这肉怎么冻了？”

“你穿着棉袄，天这么冷，这肉又没穿衣服，能不冻吗？”

——在超市的一个肉摊前，一顾客对肉的来源不放心，和卖肉的女售货员理论起来。一问一答，比相声段子还幽默。

北京人的幽默是与生俱来的，从爷爷辈儿那会儿，北京人就爱听相声找乐子。幽默的一个主要手法是比喻，而比喻总是联系身边事物的，这也就形成了北京人幽默的特色。就像上面的这段对话，多有意思呀。

8.“我错了，您慢点开罚单。我下次一定不来了。您就当我是个屁，把我放了吧！”

——西大望路，城管抓住一个随意摆摊的小贩，没收了他设计签名的小展板。城管一边快速地说着违章条款，一边迅即掏出本子开罚单。这时这哥们开始求饶了，说了上面一通话。

城管刚才还虎着的脸，突然憋不住也想笑，竟是一脸的生动说：“好啦好啦，下次不要乱摆摊了！”小贩赶紧收拾好东西，真像一个屁一样，一溜烟就不见踪影。

9.“这帮人不知来北京干嘛来着？”

——一对四川来的民工夫妇因没有听到售票员报站而坐过了车站，在一番嗫嚅的抗争后，换来了驾驶员更多的训斥。这时，一位约50岁左右的妇女，说了这么一句话。

这也许是很多北京人心里的想法。不过，不管愿意不愿意，这些年北京外地人越来越多了。每天上班时，要在外地人拉菜的三轮中穿来穿去；下班后又被外地人的地摊堵在水泄不通的马路上……当然外地人不是贫穷的代名词，北京先富起来的外地人多了去了。你看北京的好房子，都被外地富人买去了；北京的美眉，也都让外地人娶了……在北京的写字楼和大机关里，外地人已经是一个很模糊的概念了。

10.“喂，说正格的，特腻味你这点，天桥的把势——光说不练。”

——在朝阳公园里，一个老者带着孙子坐在石凳上。孙子像爷爷吹嘘下次保证好好学习，老者严肃地教训孙子。

天桥的把势，老北京都熟悉的。北京天桥是旧时江湖卖艺人聚集的地方，所练的技艺五花八门，有吞宝剑、铁球的，有以头开砖的，有练刀枪把势的，有卖大力丸的……很多都是唬人的玩意儿。

11.“哥们，最近忙什么呢？”

“瞎忙，真是忙的连放屁的空儿都没了！”

——在西单图书大厦，两个朋友遇到了，一见面就开始寒暄起来。“最近忙什么呢？”这是人们见面时口头禅。

这个“忙”字，估计可以荣获21世纪最庸俗字眼的称号，因为无论何时何地，无人不把它挂在嘴边自娱自嘲。金领忙，白领忙，老板忙，伙计也忙。嘈杂拥挤的大街上，充满键盘噼啪的办公室，永远都是一片“忙”音……被问忙什么时，人们总会条件反射式答曰：“瞎忙”抑或“穷忙”。也许这本是自谦客套之词，但到底都忙些什么呢？会议、出差、报告、协调、方案……真是忙的连放屁的空儿都没了！

也许你要惊讶，放屁不需要时间啊！但你要知道，现在一般单位都是文明办公，周围坐的都是年轻小姑娘，万一放个屁有响声或很臭怎么办？为了安全起见，放屁最好去厕所，可不到憋得受不了，还是没时间去厕所呀！

12．“是得涨点儿价，老让政府贴钱给咱们，咱不落忍不是？可话又说回来，忒邪性了也不行，受不了啊。唉，话又说回来了，怎么着也得挨这一刀，全球化嘛，不这样行吗？”

——丰台区沙子口附近一中石化加油站，一车主停车在加油，发现油价又涨了，汽油标准品零售基准价格每吨分别上调了200块，他于是这么把事情颠来倒去地想想。这种说话风格是北京经常挂在嘴边的，绕来绕去可以把你绕进去了。

13．“上午一女的坐车，她说她刚花400多买了瓶擦脸油，我就在旁边感慨地说，那您抹那一手指头就好几十块。女的说，可不，要不师傅，我给您抹一下甭给您钱得了。我就着急了，那我还得找您点儿呢。”

——坐在出租车上，的哥嫌闷的慌，就说起了自己闹的一个笑话，乐得人下巴都快掉了。

北京的哥很能侃，个个都是时事评论员，能一会儿说国家领导人的小道消息，一会儿说中南海的地理风水，在外地人面前自然一个个都是政治家的派头，充满着对政治的热情，讲到哪儿都不漏汤儿。他们语言风趣，实在只有全国相声大赛冠军才有本事与之周旋一程。其实开出租是非常辛苦的，的哥们就靠针砭时政、逗乐众人、讽刺幽默来调剂工作和生活。

14．“不难，告你说，你往方向盘上挂块骨头，狗都能开！”

——在海淀龙泉驾校里，一位女学员想报名学车，问教练难不难学。教练一拍桌子，就说……

平时跟北京人说话，你得多留心眼儿，没准哪句话就把你绕进去了，可能骂你都听不出来。但也千万不要处处提防，那样的话，你可就会错过话里的幽默和精粹了。总之，跟北京人相处，你要学会听他的“话眼儿”，体会他想要表达的最终意思，别看有的话说的很客气，里边儿的“道儿”深着呢！

15.“服务员儿，咋回事儿？红烧肉难道要现杀猪吗？”

——在和平街一个饭店里，几个顾客在等菜，半个多小时还没见上菜，这时有人急吼吼地喊道。不过，北京大多服务员好像不是大哥大就是大姐大，在顾客面前有着摆不完的谱。

北京生活压力大，大家等不起。互联网永远不够快、商店里的队永远太长、该做的事永远也做不完……生活中每个人看起来都在马不停蹄地奔波，时时刻刻都摆出一副很努力、很拼命的样子。每次过马路都是一次车与人的相互抗衡的历险。每次干什么排队都少不了加塞儿的，每个人都有一万个着急的理由。估计除了去火葬厂例外，不过在去的路上还是着急，这不，每次连看病都催医生，能不能快点儿？

16．“同志，请牵好您的狗。”

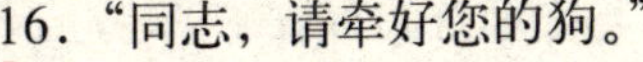

——小区门口的空地上，一个光顾着说话的妇女让她的卷毛狗自由去了，结果它跑到一个老太太面前凑“热乎”，把老太太吓得急忙躲开，慌张地叫道：“谁家的畜生？”小区保安过去解围，并喊了狗的主人。

狗对北京很多家庭太重要了。城市里那份难耐的寂寞与空虚有时只能对狗发泄，对狗述说，对狗补偿，不牵好能行吗？电影《卡拉是条狗》里卡拉丢了，老二的整个生活支柱也没了，为寻找卡拉，老二用尽了一切办法。通过一条狗，把北京街头巷尾的生旦净丑诠释的一清二楚。

17.“您抱这么大块儿玻璃，扎到人怎么办？即使伤不到人，也会有潜在的危险。买票，算两个人的！”

——973路，一个民工抱着一块一平方米大小的玻璃挤上了车，引起了其他乘客的不满。售票员是个短头发的姑娘，正剔着指甲缝呢。她抬头看了一眼，更是满肚子意见，用《大话西游》里唐僧式的批评口吻噼里啪啦一顿说，末了让这个民工买了两个人的票。

北京公交车很特别，是特有的通道式的公交车。如今很多城市都换成自动投币式的公车了，但北京仍然有售票员。每次上车，就常见是操着一口亲切的京腔的售票员说话，“各位乘客大家好，欢迎乘坐优质服务车，请文明乘车……”

18.“爷，北京就这样，节日就献礼，平时就现眼。”

——一次塞车的路上，前面在修路，同伴刚抱怨说这路能早些修好，旁边的哥马上接一句，这样琐事儿经他这么一说，真是倍儿形象太幽默。

不过，千万不要把北京人嘴上的爷与你理解的爷放在一起，千万别真在别人面前充爷。爷在北京人看来没有那么神圣，就像称呼谁为同志一样平常。比如流行全中国的倒儿爷、侃爷、板儿爷都是北京对经商的、能说会道的和三轮车夫的称呼，而且从北京走到了全国，成为具有时代标记的称呼。

19.“我大哥这人做事憋屈，从一开始吧，就拿不住他那几个孩子，和着他那点儿唾沫星子全打了水漂儿了！”

——三个老太太，还有一个老头儿，在小区内的树下站成一圈，面对面地唠家常，表情之凝重神似开党代会。这个责备她老哥哥的老人，向众人说了哥哥的几个孩子闹房子的事，语气中添满埋怨。

很多北京小市民的可怜之处在于不懂天道酬勤，费尽心机的算计，结果算计着自己家人头来，兄弟妯娌经常在一起争财产、闹别扭。

20.“绝对是玛瑙的，你整个儿一二把刀！塑料的是这个色儿吗？”

——在酒仙桥一处路灯下，摆地摊卖小饰品的摊主张罗着生意，向一个小青年推销一个手链。小青年左看右看不大相信。后来在摊主的鼓动下，掏出10块钱，买走了这个“绝对是玛瑙”的手链。

摊主说“二把刀”是指的别人技术不精。此语来源于厨艺，担任最精细工作者，曰头把刀，次者曰二把刀。这摊主倒挺会做生意，这激将法一使就立杆见影。

21.“多谢您哪！回见您哪！多穿点衣裳别着了凉您哪！”

——在超市排队付账，两个人搭讪起来，聊了不到三分钟，似乎感觉很是投缘，就马上拍肩打背成了哥们儿。分别时这位体贴地叮嘱道另位，俨然像老友的口吻一般。

这也是北京街头常见的情景。北京人讲究礼数，开口闭口，每句话后面都得跟个“您哪”。他们最引以为自豪的礼数和豪爽，当然也可能变成虚套和假模假式。

22.“这不给您办着呢吗？得走程序。并不是压根儿没给您当回事儿，哪儿能一拳头砸出口井啊？”

——在派出所的户籍管理处，一位中年的民警对催促他办事的人这么说着。可能两位是熟人，所以说起话来客气中不乏幽默。

北京人爱把事情颠来倒去地说，替人家找辙，替自己宽心。北京人凑一块儿都是互相揭短，可看看外地人那堆，互相捧得没边了。

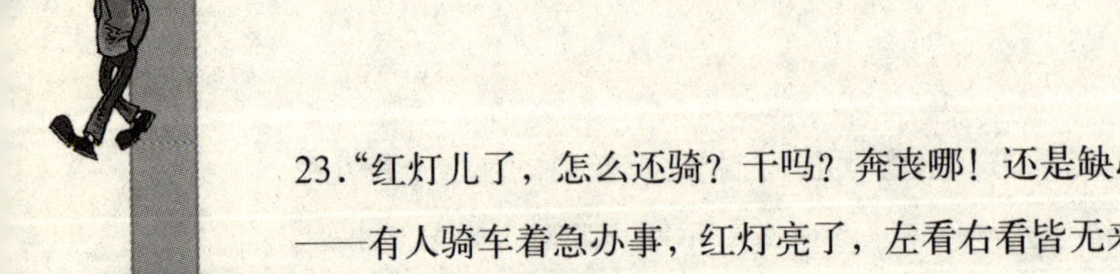

23.“红灯儿了，怎么还骑？干吗？奔丧哪！还是缺心眼儿啊你？”

——有人骑车着急办事，红灯亮了，左看右看皆无来车，就一低头往前蹬。忽然身后传来一声吆喝。

这位协管员批评违反交规的话虽然逗，也透着损。后头那几句话显然是多余的。北京人说话更讲究损人，就是骂人不带脏字。挨声骂，当时不好受，可要挨句损，能叫你恶心半年。

24．“安徽人民现在生活好吗？”

——一位热心肠的老北京给一个问路的安徽人指路，末了，这么一问。闻之无不莞尔，不是笑这一问，而是这句多余的话。没有这句话，大家其实都是在很友好地交流，而一旦加上了这句话，就显得多了一层含义。街头巷尾的谐谑往往是这种“多余的话”制造的。

北京人的热心也是出名的，他们非常喜欢帮助境况不如自己的人。也许这句话没有瞧不起外地人的意思。其实在瞧不起外地人这事上，好多人是冤枉北京人的。北京人能一视同仁，喜欢用“咱”字。北京人把外人都视为自己，所以北京人一点都不排外。

25. “我说大姐你听他的啊？丫是人吗你听丫的？那孙子打小儿就没学过怎么说实话，满嘴跑火车，瞎话张嘴就来，都不带琢磨的，你听他的？”

——在中关村北大街附近，一个姑娘在前面径直地走着，赌气似的甩着胳膊，小伙子屁颠儿屁颠儿地追在后面，气急败坏地说着。不知是一场三角恋，还是长舌人来搅局。

北京人的确是很幽默，但这幽默弄不好就变成了油嘴滑舌。如果有一天，你能和一个真正的北京人聊得透彻，聊得兴起，聊得他愿意跟你贫，你就算是真正进到这个城市，真正体味到这儿的文化了！

第二节　偷听上海

说不尽的上海

曾经华丽的“十里洋场”，而今是璀璨的“东方明珠”。这座在短短百年内充满着缤纷色彩的城市，背后隐藏着太多历史的凝重。旗袍和西服、月份牌和文明棍、黑帮和拿摩温、摩登女郎和洋人……这个被称为“远东巨埠”、“世界名城”、“冒险家乐园”、“东方明珠”的上海滩，曾经被多少溢美或溢恶之词形容过。

大世界和百乐门的歌女，阮玲玉和胡蝶的电影，张爱玲和王安忆的小说，还有陈丹燕的金枝玉叶，安妮宝贝的棉布裙子。在这些诸多城市代言人的“推波助澜”下，上海早就被公认为中国最彰显贵族气质的城市。

从20世纪初开始，一大批鸳鸯蝴蝶派就在这里做着黄粱美梦；租界、买办、洋人和资本家，在这里粉墨登场；各个文学流派、电影明星、都市报纸都纷纷在这里各领风骚。商业带来这里市民文化的繁荣，让人把大俗的和大雅的混杂着一并消费了。

陈旧的街道和窗棂，泛黄的老照片，弄堂阁楼和石库门……上海风情万种，几乎是闲情逸致，小资情调，寻愁觅恨等等一系列同类词语的总称。有时她像是一个多面的贵妇人，一面外表华美光鲜，时尚魅惑得让人黯然销魂，一面又有诸多难以示人的阴暗私事。对上海许多人有一万条不喜欢的理由，但要真正要选择去留时，还是要舍不得离开。就这么一个美人，让你爱恨交织，欲爱不能，欲罢不甘。

不过，建国后上海一度被革命大熔炉所改造，城市精神被脱胎换骨似重新锻造。在计划经济时代，上海成为地地道道的“制造中心”。“中华”牙膏、“上海”手表、“永久”自行车……这些一度闻名中国的名牌产品使得“上海制造”成为品质的保障，让老百姓对这里心驰神往。

从中国版图的角度来看，上海小得微不足道，经济上的富有，遂使其逐渐养成了一副贵公子的脾气，走起路来摇头晃脑，眼里看不见一物。在上海的言语里，其他地方都是乡下。无论是在战争岁月还是经济改革大潮中，上海始终不会扮演天苍苍野茫茫的先锋角色，顶多用软侬的吴语说说几句怪话。

外地人到了上海，沿着延安路高架，穿梭于都市的中心，就像在一条空中的河里奔流，两边此起彼伏的大楼河岸高低起伏，流光溢彩地装点了城市。满眼都是这目不暇接的繁华，真让人找不着北。

螺蛳壳里做道场

人们都说上海在中国是最像城市的城市，外地人一提到这座城市往往用喜欢、羡慕、向往之类的词汇，然而一说到这座城市的主人公，口气马上来了个180度的大转弯。

几乎全国各地对上海人都没有什么好的印象。精明、骄傲、会盘算、能说会道、自由散漫、不厚道、不大瞧得起领导、缺少政治热情、没有集体观念、对人冷淡、吝啬、自私、赶时髦、浮滑、好标新立异、琐碎……如此等等加在一起，就是外地人心目中的上海人。而最让外地人反感的莫过于上海人排外心理强，不把外地人放在眼里。

上海人一直还真是中国一个非常特殊的群落，他们貌似贴着某种标签，就像犹太人、吉普赛人在西方世界一样醒目。一个外地人到上海，不管在公共汽车上还是在街道间，很快就会被辨认出来。几个上海人到外地去，往往也十分招眼，即使他们并不一定讲上海话，但身上那种上海味昭然醒目，洗也洗不掉。

在所有对上海的贬义词中，“上海男人”这几个字可能是最集中的偏见，在外地人眼中上海男人根本就容不下任何男性气概，反倒集中了孱弱、胆怯、琐碎、猥琐、吝啬、算计等弱点。自多年前《渴望》将片中戚戚小人命名为“沪生”，全国对上海男人的歧视更绵绵不绝。其实，上海男人很多优点还是有目共睹的，比如虽在政治方面天生弱智，却懂得尊重女士体贴妻子。他们在办公室里是官员，而一回到家里照样是“围裙丈夫”。他们契约意识和法制观念强，于是形成了追求合理化、追求平等与规范的观念。他们除了要和全国男人一样挑起社会的重任和家庭的担子，在时尚方面也一直担起引领全国的任务。

上海女人则一直是女人中的一支名流，提到她们跳入脑海的是电影《花样年华》中张曼玉扮演的女主人公，19世纪初红得发紫的影星阮玲玉、胡蝶，还有张爱玲笔下摇曳的那些女人。这些薄命的红颜，最爱穿着丝绸旗袍、发髻高绾，她们制造了太多凄惋动人的大城小爱。都说上海女人精明，她们对经济、人情、职场、家庭都具有种种独到的精确拿捏。

上海人是物质型的，有点自恋和浮华，精明已经成为他们人格的组成部分，被人称为“门槛精”。上海人在生意场上都是行家里手，既识货明理，又敢于和善于据理力争，大张旗鼓地将经济利益放在第一位。在人际交往上，上海人私交比较理智，在这里你可以找到精神上的知音，却别指望两肋插刀的哥们。所以上海出了不少银行家、商人和学者，却难出诗人和武将。

上海人对日常生活有着超常的计算本领，有道是“螺蛳壳里做道场”，假领的出现就是极好的范例。假领有衬衫领子的外观却仅仅是一个领子，只是给人看的，但很节省布料，使人们觉得仿佛有许多件衬衫，性价比出奇的高。在有限的条件下创造最优质的日常生活，这正是上海市民生活精神的精粹。上海话里要面子叫做“撑门面”，撑门面是上海人的生活基点。在进入经济快速发展的今天，上海迅速涌现出“小资”，自然是顺理成章。

也许还是张爱玲《到底是上海人》说的妥帖些：“上海人是传统的中国人加上近代高压生活的磨炼。新旧文化种种畸形产物的交流，结果也许不甚健康的，但是这里有一种奇异的智慧。”

阿拉上海人

上海原本不过是苏南的一个县，一百多年前只是比渔村略大些，经济的繁荣使得上海话迅速发展成为吴语方言的代表。上海话是吸收了各个地方语言的精华逐渐形成，在上海话中可以发现很多江浙方言的缩影，“阿是”来自苏州，“阿拉”来自宁波，“木佬佬”来自杭州，“小把戏”来自苏北，诸如此类太多太多。

上海话生动非凡，比如形容脆为“刮辣松脆”，形容烫说“热炙普烫”，形容圆为“的粒滚圆”，形容青为“碧绿生青”。正是这些市井俚语既能让嗲妹妹说得千回百转，也能让精明老板娘说得斩钉截铁。在上海话中最有特色的估计就是那些旧社会流传下的黑话和半文不白的洋泾浜，一直把这些挂在嘴边的“切口老浓”倒能反映这个城市的历史，像形容妓女行业的“开门堂子”中“打野鸡”，比如“拉皮条”、“放鸽子”、“吃豆腐”、“剥田鸡”、“打白条”等等一批词语。

吴越语系的上海话难说难写，即使勉强写出来也让人云里雾里，如“叉头”、“扒分”、“噱头”、“蹩脚”、“白相”、“外快”、“进庙”、“乒乓响”、“十三点”等，这些词外地人看不懂，要说清楚还真得加注释。

可你别小看这一口唧唧喳喳的上海话，有它没它截然不一样，有了它在上海就有了通行证，说明你是家里人，什么都好说。如果没它，即使你普通话讲得够标准的了，你还是外地人。外地人或多或少会受到这样或那样地排挤。

在老上海人眼里，上海身份概念是一本户口簿和一口上海话；而“新上海人”则变成单纯物质的，是一本房产证，这样上海的房价自然排到全国TOP2。后来上海逐渐放开了户籍控制，每年拿到“蓝表”(非上海生源留沪的户口指标)的就有2万人。这一批上海移民带来了先进生产力，却没有带来他们的语言。

从20世纪80年代后期开始，上海从幼儿园到学校，开始统一用普通话授课，连课外甚至厕所里都不准说上海话，很多学校对说方言的行为以扣品行分处理。现在进了上海一些中小学校门，就像是到北京城。进入到21世纪的今天，上海话反而在上海听到的越来越少，一些上海人提出上海话需要“保卫”。曾令无数上海人自豪让诸多“乡下人”不爽的方言，其兴衰背后，见证的是中国社会的微妙变化。

上海话难懂，似曾相识的声音似乎把整个百年轻轻略去，旧上海的风情仍清晰可见，散落在各个街道和弄堂。上海听起来虽然有点累，但柴米油盐的琐碎里，展现出大都市里的小市井……

城市发声

1．“来，乖小囡，要爱清爽！”

——小区内，一位打扮时尚的女人小心翼翼地蹲下，一旁的哈叭狗欢天喜地地吐着舌头。她从坤包里抽出纸巾，为哈叭狗擦去嘴边脏物，并心疼地说。

不知道这个女人是不是传说的丁克族，反正现在上海这种只养宠物不养孩子的家庭多的是，甚至要把宠物当孩子养。上海的高学历、高职位、高收入“三高”人群相对其他城市多，白领女性中的丁克一族、大龄妈妈现象较普遍。她们中认为婚后要不要孩子无所谓，很多明确表示不打算要孩子。在上海养狗才是档次的体现，上海人喜欢比来比去，狗可以拉出遛遛，于是可以比狗品种、狗衣服、狗玩具……

2．“侬库伐到个则红灯哇？！”（你看不到红灯吗）

“道路介空，么宁！”（道路这么空，没人）

“哦，侬屋里厢么宁，阿拉去自自好哇？！”（你家里没人，我也去住住好吧）

——在一个十字路口，道路管理员和一位过马路的阿婆争论起来。

上海生存的压力大，这迫使上海人将其聪明才智发挥到淋漓尽致的程度。在日常生活方面，上海人常常为一点点小利而斤斤计较。上面这位阿婆为一点鸡毛蒜皮的小事，和人又掐起来了。

3．“伊每遭穿的嘎个样子，早乌电梯里厢啊好看到伊内衣，啧啧……”

“女宁有啥看头，侬啊是断背哦？”

——走在人山人海的地铁站里，两个打扮入时的女生对话。“断背”已经成了个代名词……

上海女人不仅仅喜欢看男人，更喜欢看女人，看别的女人穿了什么好看衣服好看鞋子，自己决不能落伍。所以很多上海女人仿佛要把身家都尽力体现在衣着和外表上，她们可以住在狭小的阁楼里，饿着自己的肚子，但是走在大街上绝对是顾盼生辉、风情万种，不仅要搅得男性荷尔蒙、肾上腺素分泌，还要牵动着其他女人的目光，她们活得骄傲、活得自我。

4．“小姐，这附近还有卖东西的店吗？我们这条街的店都逛遍了。”

——南京东路路口一对来旅游的夫妻，气喘吁吁地提着 N 个装衣服的纸袋子问。

上海没什么古迹名胜，外地人到了上海，站在东方明珠前拍张照片，外滩边逛几圈。看来看去，满眼里都是栉次鳞比的高楼大厦。剩下大把时间就是在淮海路、南京路上，这几个花式品种一应俱全的购物街，足以让人腰酸腿疼身子发软了，然后大包小包往家里提。

5．女孩掏出信用卡："拉卡。"营业员说："不好意思，小姐，今替网络老堵，不好拉卡，侬好付现金伐？"女孩爽气地掏钱付账。

营业员说："还是阿拉上海宁好说话，不像外地宁，跟他说网络不好啥的。要解释个半天，伊拉才付钱……阿拉上海宁……伊拉外地宁……"

——周末上海好德便利店，一位打扮蛮时髦的女孩和营业员的对话。女孩付完钱后，不高兴地打断她的话："不好意思。我就是外地人。"

在上海人眼中只有上海人是城市人，外地人被称为乡下人。因此在上海，能操一口流利的上海话就像获得当年租界的领事豁免权，又像今天推行的银行金卡，将会获得众多优惠。在衡山路说普通话，搭理你的速度都要慢点。不过要是在外滩三号，票子花的如流水的大多是外地人，说上海话得往往是服务生。

6．"我昨天刚从西双版纳回来！啊？一点也不好的！脏的要命！真没阿拉上海好！"

——在公交车上，一位女士的电话！那么美丽的地方，在她嘴里说出却成这般模样……

上海人的自负感在中国首屈一指。在计划经济的年代里，上海对全国工业贡献最大，上海人也以此为傲。在良好的自我感觉之中，上海人看不起外地人。上海人对外地人有一个特别的称呼：乡下人。这使得上海人以自己的身份为荣，不愿离开上海，人称的“恋沪癖”，这是上海人共有的一种文化心理特征。

7.“么姿色啊，像乡下宁一样额！”

“算侬有姿色来，好看瑟来，像只鸡一样憨。”

——地铁车厢内，两个上海女人为谁长的漂亮正在骂战，不亲身体验不明白上海话骂战的惨烈。

据不正式调查表明，上海人历来打架不行，对骂水准倒是一流。不过，双方往往越走越远，所有动作只是虚张声势而已。“君子动口，不动手”特别适合上海人。

8.“我在新加坡啊！周围乱得很，等到了上海再……”

——这位打电话的小姐就站在南京路上大声地喊道……看这位小姐给自己解围的技巧是典型上海式的。

素来以精明著称的上海女人，她们在众多的细节上，小智慧经常是至高无上的。她们做事做人常常能够删繁就简，利落干脆，别人还没有反应过来，她们一肚皮的账已经算得煞煞清，孰轻孰重，早已了然于胸。她们一个手势，或者一个眼风，别人还没会过意来，上海女人已经一切搞定了。

9．“现在不是家里的财政部长了，那我们就成立一个欠款委员会吧。”

——交完首付房款后，还没出售楼中心的大厅，妻子就调侃地对丈夫说道。

现在买房是上海人最重要的一件事，大多数人买一套房子，就变成一个“蜗牛”，背着重重的壳儿，一步步地在城市的道路里爬着。所有的房奴都忍受着“一天不工作，就会被世界抛弃”的精神重压，不敢娱乐、旅游，不敢换工作，担心生病、事业，更没时间好好享受生活。上海房价几年来翻了几番，“拥有一个家，一个不需要多大的地方”，多年前的歌词，已经成为很多新老上海人的奢望。但有了房子成了房奴，幸福指数也直线下降。哎，都是房子惹得祸。

10．“囡囡，伐要乱跑，侬过来，过来。”

——公园里，几个老人在相互交谈之中是用纯正的上海话，而对自己的孙子，却说起了普通话——虽然说得有些吃力，夹杂着太多的上海味。

目前上海话面临式微，这是上海官方、学者和民间共同的观感。前几年上海舆论界掀起一股“保卫上海话”的浪潮，但收效甚微。上海人不会说上海话，上海人说的上海话逐渐不标准，逐渐成了一个新问题。

11.“迭额都是斗兴货，侬上当了。伊拉专门栽洋葱头！霉头触到印度国。”

——女人铁着脸在训男人，男人刚从一家削价的商店买回一堆世界名牌。上海人把假冒伪劣产品一律叫做“大兴货”，把市面上当受骗者统称为“洋盘”，把缺乏主见容易被他人挑逗，导致情绪激动而上当受骗的人统称为“冲头”。做生意的人可能最乐意碰到的就是“洋盘”和“冲头”。“霉头触到印度国”是形容认倒霉之重。

上海在长期工商业历史的影响下，实惠哲学早已成了根深蒂固的观念。追求实惠的上海人总是能在各种复杂的情况下，迅速找到自己的最大利益所在。大概每个上海人因为贪图便宜，都曾被“斩”了无数刀。

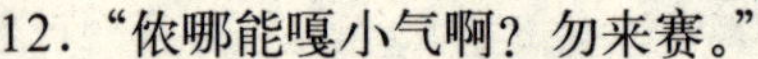
12.“依哪能嘎小气啊？勿来赛。”

——不久前《新民晚报》登出一篇文章《新英雄闯荡上海滩，不限户籍个个精英》，文章中写道：“新上海人”，浦东密集度最高，办公大楼里最多。到浦东，尤其是陆家嘴，都说普通话，说上海话是没有文化的表现。在浦东的饭店酒店，连拉门的服务生都是说普通话“先生先生”的，在浦西，黄河路美食街上一片上海话敲车窗：“阿哥阿哥切饭伐？”可见新旧上海人密度差异。

结果这句话中“说上海话没文化”被无限放大。一贯温良的上海人群起而攻之，纷纷到各大论坛发帖要求该报道歉，认为严重伤害了上海人的感情。有人说，该报纸面对数百万上海居民，其中不少人是只会讲上海话的，甚至不少只会讲本地话，这篇文章是不是表明他们是没文化呢？到最后该报不得不一再解释，让发文编辑停职检讨。从这件事可见上海人对上海话的自恋，对上海的情结。

很多外地朋友对此事评价也用了一句上海话回敬上海人——依哪能嘎小气？勿来赛。

13.“睬伊来，门槛精到九十六，就想斩阿拉一刀，想啊伐要想！”

——公司来了一位新的领导，新官上任三把火，严令上班迟到。年轻气盛的冲头小子们嚷道。“门槛精到九十六”形容人精明之胜。

都说傲慢的上海人不尊重领导，经常挑战领导的权威性。看来在维权意识特别强的上海人面前，当领导也是不容易的事情。

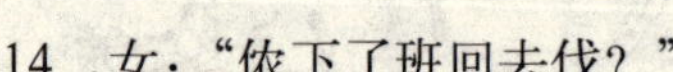
14 .女：“侬下了班回去伐？”

男：“伐回去，难道到侬屋里切饭去啊？”（笑着回答）

女：“各么，好顺路带带吾伐。”

男：“吾今朝要到丈母娘屋里切饭哦，对伐气哦。辰光不多了，侬叫部叉头吧！”

女：“小气勒要喜。”（不时朝他的背影翻着白眼）

——这是快要下班的时候，在卫生间门口的一段对话。一位女同事想搭男同事的便车，男同事以要到丈母娘家吃饭去，时间不多为由拒绝了，他建议女同事自己打车。“叉头”是出租车的意思。

平常这种同事之间想借个方便的事情也常见，也不全是为了揩点小油，但处理不好就会发生龌龊。同事嘛，何必呢，抬头不见低头见……

15．“干整整五天，睡整整两天！”

——有段时间，上千名忙碌的上海白领聚集在淮海路，参与了一场办公室减压活动。他们在街头写下了各种减压宣言，什么“干整整五天，睡整整两天！”“我想大哭一场！”“赶快给我放一个月假吧！”“工作太累，考证太烦”……

在上海，别看地铁站里那些精致而时尚的脸，他们浑身上下洋溢着一种速度感与优越感，但生活在这个城市成本也是高昂的。上面这样做是为了宣泄工作压力。心理学专家认为，白领们应该在工作中做适当短休息来自我减压。专家的说法不错，但是有时候压力得靠老板来给减啊。

16．“嗨侬不要喷花露水，侬猪头三啊！弄得葛达嘎难闻。”

——在一个小服装店门前，听得女店主正训斥打工妹。那女孩倒也并不生气，只是嘟囔说：“人家的脚臭嘛，你还不是要说我的。”女店主

一听，更来气了：“脚臭你就不要穿运动鞋嘛，现在弄得先香后臭的，咋个做生意哦，还不去把脚洗了！”

上海话中“猪头三”的意思广泛了，泛指那些处事愚蠢、不灵光、有点憨头憨脑的人。听到这里，刚想进门的顾客立刻打消了进去看衣服的念头，赶快逃之夭夭了。

17．“侬只小赤佬！再说一遍？！”

——上海人用“赤佬”两字要么说鬼，要么骂人。在联华超市卖酒区，一个三十多岁的男顾客和夫人正在训斥一个男服务员。其音量和声色俱厉的表情让人难以漠视。原来男顾客问一瓶酒的价钱，服务员不乐意地回答说价钱在标签上，男顾客感觉很受侮辱，所以声色俱厉地训斥。

这时经理过来劝解，男顾客又骂了几句，正要以胜利姿态收场，服务员又嘟囔了句：“那价钱就是在上面嘛，你自己看吗？”

这一下激怒了这位男顾客，他几乎是以气急败坏的方式说：“再说一遍？！”同时单手握住了酒瓶颈部，其势欲打。旁边的妻子可能习惯了丈夫的这种表演，整个过程中未置一词。

18．“小姐阿，你买扇子是伐拉？喏，对面老年人用品商店，很多的！“

——夏天到了，蚊子有点多，公交车又拥挤，于是想买扇子，这样兀自生风，省力又凉快。结果一个一个小摊看，就是找不到。

最后一个小摊老板给指了一条明路，看来现在蒲扇在上海真的快要进入博物馆了。

19.“哇噻，一张 VIP 可以唱两场卡拉 OK，so cool！”

——在新天地，一位穿着时尚的青年朝同伴惊呼道。上海不愧为国际化大都市，随时都能听到一些夹杂着英文的谈话。用外文可以显示一种地位、一种身份，这也是“洋泾浜”被一些年轻人视为时尚的原因，很像钱钟书笔下的方鸿渐。

所谓“洋泾浜”是带有其他语言特色的外语，洋泾浜语对上海话影响可真不小喔，旧上海不少洋泾浜语已蜕变为日常用语，如“老虎窗”(roof window)、“拿摩温”(No.One)、“阿飞”(fly)等。

随着这几年上海成为国际窗口，“新洋泾浜”又卷土重来，最近一位外地乘客不清楚机票上写的“PVG”是指浦东机场，按照老习惯到虹桥机场乘坐飞机，结果错过了飞机起飞时间，于是状告航空公司。

20．售票员：“门口头额宁，忙里厢、忙里厢（往里走）！”

乘客：“不能走了，怎么走啊。”(非常无奈的语气)

售票员：“噢哟，好笑伐！拿能啊，吾抱侬进去好伐！”

——一辆非常拥挤的大巴车上，售票员与乘客的对话。对于上海的售票员，不能要求态度有多么好，只要不讽刺人不骂人就行了。

在上海，上海人居多的是交通系统以及便利店的营业员，还有银行、外企、会计事务所等。便利店的营业员尤以下岗女工为多，外企竟出现工作语言为英语、交际语言为上海话的双语现象。而上海有部分职业已经出现了“上海人空心化”。中学教师、出租车司机中崇明人越来越多；中档以下餐馆和咖啡馆的服务员，基本没有人会说上海话；记者，尤其最为活跃的几份报纸一线记者几乎没有上海人。

21．小姑娘：“阿姨，侬额阳伞贴劳我衣裳啦！”（阿姨，你的雨伞贴着我衣服啦！）

妇女：“落雨天，勿贴劳侬总要帖劳宁嘎额喽！”（下雨天，不靠着你就要靠着别人了。）

——一个下雨天，正值上班高峰期，公交车上异常拥挤。这时听到一个小姑娘和中年妇女对话。听到妇女这么回答后，小姑娘无语。

过了一分钟左右，那位妇女来了句超级精彩的嘀咕：“落雨天，啥宁叫侬穿介好额衣裳出来啊啦！！！”（下雨天，谁叫你穿这么好的衣服出来啦！）此句一脱口，满车人都惊讶的目瞪口呆。

22．“噢哟，伐要叫，伐要叫，阿拉屋里厢勿各门亲眷额（我们家里没有这门亲戚），夏夏侬了！”

——小区广场里，一位抱狗的小姐看见对面过来的一位阿姨后，小姐对狗讲：“囡囡，快点叫斗妈妈呀！来，和斗妈妈招招手来！”于是阿姨不满地说着，慌忙闪到一边。

等到小姐和狗走后，她颇为不屑地自言自语地嘀咕道：“要西垮来（要死了），让种生(畜生）叫斗妈妈，要阿拉亦变成种生一家门里厢，老吓宁了!”这一幕真可谓是上海人的独特风趣人情。

23．甲：“喂，侬好伐要唱来！”

乙：“为撒拉？为撒伐好唱拉？”

甲：“侬外地宁呀？听到了伐拉？通道内严禁卖唱，侬还唱当心坐牢！”

——两个女孩子一起乘坐地铁，通过地下通道。一个高个子的女孩哼起歌来，旁边朋友要制止她，高个子女孩却不愿意。

朋友为了对她的“拎勿清”表示气愤，所以斥责地质问她：“侬外地人呀？”似乎只有外地人才如此低智商。此时地铁正好广播道：“地铁内严禁卖报、乞讨、卖唱……请大家共同抵制，营造安全文明的乘车环境！”

24．甲：“今朝哈浪(冷)。多穿点衣丧。”

乙：“是哦呀！北方没介浪(冷)。”

甲：“北方么是干浪(冷)，阿拉是湿浪(冷)呀！”

——天气冷了，两个里弄的大爷在讨论天气。不懂上海话的外地经过身边，还真能把“湿浪”听成了色狼。两个色狼！玩笑开大了。

25.“这星期有一对夫妻中了两个五百万，运道真好！”

“那是，现在中一个五百万哪里够用啊？”

——饭馆里，两个男孩子边吃边聊，谈到中彩票的事情。于是他俩说了上面的几句话，说完后开始计算如今上海的生活成本：房子、车子、娘子……

是的呀，一个五百万如今在上海生活，还真是有点儿紧巴巴的。

26.“实习就是白相，没人管没人问，要么就打打杂。宁头不识，苦头吃煞！”

——在华东师大门口，两个大学生一边走一边抱怨道。“白相”是就是玩、混日子的意思。

这两个学生暑假在一家国有企业实习，因为没有熟人，大家都不搭理他们。实习结束后，他们把这些天的生活列了一个表格，内容简单到可以用几个词来概括：打杂、看报、聊天、发呆。

27.“相亲么，就是大嘎把条件摊开来把对方看！”

——小刘去年刚从国外留学回来，在上海短短一年时间，他已在父母的安排下接受了数次相亲。每次相亲，车和房的问题，就会直接或间接地摆在他面前。“相亲啊，就是彼此摆条件给对方看。”这句话可谓代表了上海大龄青年的肺腑之言。

小刘却并不以为有车有房是个犯忌讳的话题，打出租车还有个起步价，何况结婚这么大事，没有个起步价还成？而网上一项关于婚姻条件的调查中，超过一半的人都选了幸福的婚姻要有车有房。有句话叫宁愿坐在豪华汽车里哭，也不愿骑着自行车笑。幸福的婚姻要真是建立在房子、车子的沙堆上，恐怕大家都得跟着哭了。

28．“白领入门的第一课，就是学加班。”

——上海生存压力比较大，在严峻的就业形势和生存压力下，很多白领加入到了“加班族”的行列，不断地挑战着生理和心理极限。尽管平时你看那些白领头发染得像商店里卖的洋娃娃似的，脸皮白的红的像用蜡笔涂了一层蜡似的，新潮的衣服左一件右一件地换，上下班走路像追赶时间似的……但他们呼吸困难了，血压高了，血脂厚了，血液流得不畅了，腰酸背疼了……只是他们都强忍着怕说出来丢脸，硬是打掉了牙齿往肚子里吞。

29．“个额小区个住户层次高，才是外国宁自额……”

——路过浦东一个高档小区，同伴指着那些别墅洋房，羡慕地说：“这小区的住户层次高，都是外国人住的……”

上海人对外国的感情是复杂的，既有租界时期的耻辱感，又有割舍不下的国际情结。外国人在上海话中已经成为形容词，几乎和时尚、先进之类等同起来。上海也成为最合适外国人生活的城市，据有关数据显示约有 10 万外国人居住在这座城市。这些外国人来自世界各国，主要分布在上海近 2 万家的外企中，担任企业的管理及技术人员。很多外国人是本国公司外派过来，所以按本国薪水拿钱，在中国消费，收入是普通中国老百姓的几倍，自然要住洋房别墅。

30．“没人愿意主动休假！休息一天就少一天的工钱。”

——说这话的是来上海的一名建筑工人小张。在炎热的夏天，小张每天都要顶着火热的大太阳，给工地上300多根水泥柱子浇筑石膏套，一干就是一天，有的时候要到夜里九、十点钟才能收工，再骑车回到工棚里，人都累瘫了。可就是这样，小张还是没请过一天假。

像小张这样在高温下仍然卖力工作的外来务工人员还有很多，他们挣的可真是血汗钱呀。没人愿意主动放假，不是他们不想休假，而是放不起啊。

第三节　偷听广州

睡不着的城市

这座城市得风气之先，走在中国市场经济的前列，也是中国城市急功近利的一个缩影。广州不是一座肤浅的金融城市，她有自己的品格和气质，但其表情在不少人眼中永远是暧昧的。无论有多少高楼大厦拔地而起，广州永远是一种无序凌乱的样子。

有人用“生猛鲜活”形容广州，的确这个城市不知疲倦的几乎没有夜晚，夜生活丰富的超出你的想象。夜幕下的广州有点声色犬马的味道，空气中飘浮着物质和欲望的气息。玉带般的珠江，翡翠似的云山，酒吧、网吧、茶艺馆，无日无夜灯火通明的酒家，还有棋牌室、洗脚房以及这夜总会那休闲中心，劲爆的、闲适的、健康的以及有损健康的，流光溢彩，时刻吸引你诱惑你。

作为海上丝绸之路的起点，广州早在唐宋时期便商贾如织，到明清后广州一跃成为东方大港，外国商船在黄埔古港日以继夜地来来往往；长堤、西关十三行连片商号买卖兴隆地挑灯议价；西澳一带灯红酒绿夜夜笙歌。到了近代，广州成为反帝反封建的革命先驱，风起云涌的革命形式让广州成为热血青年向往的圣地，北伐队伍一次次从这里开拔……

进入20世纪80年代后，喜欢饮“头啖汤”的广州又争取领先图个新鲜，别人畏缩不前的时候她敢于挺身而上。作为改革开放的桥头堡，广州商贸再领风骚，为中国贡献了·“乡镇企业”、“个体户”、“三来一补”……一度成为中国经济的发动机，举国上下齐看的经济之都。中国出口商品交易会（广交会）一直在广州举行，广交会是我国规模最大、档次最高、成交量最大的出口商品交易会，为促进外贸发挥了主要作用。

市场经济这张“无形的手”在广州所向披靡，于是乎，城镇和乡村迭加，市民和农民并列，南人和北人扎堆。这里既有都市里的城中村，又有村庄里的都市，最终形成了“城乡一体化”的国际大都市。

广州、广货一度成为时髦的代名词，内地很多服装老板在推销时总是得意地说：“这是广货！”广州流行时尚打着滚呼啸而来，所以这里人什么服装都敢穿，吊带的、露脐的满大街都随时可以看到。

虽然广州人敢穿，但大多数老广州穿着是特别随便，有的喜欢吃完饭后叨着牙签到处溜达；有的成天穿着拖鞋出入商场、超市甚至写字楼；有的会穿着睡衣上街，尤其是在菜场，好像就是在开睡衣展示会似的！通常街上满目都是凉拖、T 恤和牛仔，这是经典的广州打扮。

广州人会经营生意，懂得理财和算计得失，如果做不到的事情，从不会拍着胸口信誓旦旦，即使做得到也会留一条后路。跟东北人不同，他们会把“丑话说在前面”。

他们对国家大事不太感兴趣，对省外的一切亦莫不关心，只对家门口一点事情热心。非常重视本土的建设和关乎民生的事情，比如珠江的整治、高架桥的改造、空气的指数、子女的教育啦，还有今年春节花市会改在哪个路段，哪儿新开张，有什么美食，哪家的东西最便宜，哪家时装店到了新货等等。 广州人只求每年每天想方设法过好自己的小日子，有人说这可以叫务实，也可以叫鼠目寸光。

广州人吃崩了自然界

“吃在广东”众所周知，粤菜选材博杂，做工精细，作为八大菜系之一，早已名满天下。粤菜善用烧、煲、炒、炸、蒸等多种工艺，无论是海鲜、河鲜还是普通菜、点心，都注重原料新鲜，出锅讲究调色和造型，闻香足以让你垂涎三尺。

四条腿的东西，除了板凳，广州人是什么东西都敢吃！蝙蝠、鹧鸪、穿山甲、蛇、猫、老鼠……叫出叫不出的，超过千万的物种都可以变成广州人的菜肴，足见广州人敢吃！

据说当年“非典”病毒就是广州人餐桌上的果子狸传出，结果让广州人赢得了“草原吃羊，海滨吃蟹，广州人吃崩了自然界”的骂名。单单广州人这张嘴，不但人均在外用餐支出指标排名全国第一，而且比上海和北京都高出1.6倍，比哈尔滨更是高出了19倍，吃得恩格尔系数居高不下。

广州饮食在全国首屈一指，拥有一大批上百年的老字号，传统和创新的名菜、名点数不胜数，点心宴、八仙宴、全蛇宴……单凭鼻子就能在食肆满布的街上，寻得以老火靓汤为先锋的粤菜，以及穿梭往来之人带来的五湖四海的美食佳肴了。雍雍山房的鱼头远近闻名，天河的南岗兄弟海鲜不错，川国演义的火锅实惠，还有遍地开花的“湘村馆”“我家”要排队，而石牌东、下渡口地邻高校，烧烤吸引了无数食客。有如此多的美食，难怪很多人凌晨还要呼朋聚友去消夜。

本来广州就属于亚热带气候，冬天闷热而干燥，广州人又爱吃，会吃，不少美食多为煎炸之物，如煎萝卜糕、煎芋头糕、炸春卷、油炸鬼、

咕噜肉、蒜香骨、烧鹅……多是明火之物，难免因饱了口福却要燥热上火，所以去燥降火的凉茶是必不可少的。

所谓凉茶是指将几种具有药用疗效的中草药煎水作饮料喝，以求消除人体内的积热，或解除因季候变化引起的感冒等疾患，一个“凉”字道出其功效了。凉茶不是什么美食，但却成了广州人常年的一个生活习惯，凉茶品种甚多，著名的有王老吉凉茶、石歧凉茶、三虎堂凉茶、金银菊五花茶等。

广州的汤都是用小火慢慢地煲，三四小时那是快的，一般都是用一整天的时间才煲好。汤的材料也是各式各样，植物、动物、虫草，什么都可以用来煲汤。广州人有吃下午茶的习惯，一般公司都有下午茶的时间，而品茶吃点心就是一种约定俗成的事情了。

除了喝凉茶，广州素来有“叹茶”的传统，早茶、下午茶、夜茶，一天三顿边和朋友喝茶吃点心，一边聊天谈生意，又轻松又惬意。早上见面，往往以“饮咗茶未”作为问候，可见对饮茶的喜好。

广州喝茶喜欢喝“头啖茶”，有的为了这“头啖茶”黎明前就到茶馆霸位。茶客坐定，服务员前来请茶客点茶和糕点，廉价的谓“一盅二件”，一盅指茶，二件指点心。在茶馆里有什么新闻，正闻和绯闻，面上的和背后的，很快就会流传开去。

就怕广州人说普通话

刚来广州的朋友一定深有体会，大街上做生意的人，打开收音机电台里的播音员、主持人，电视里播新闻的播音员和主持节目的主持人，连播放的广告语和电视剧对白统统用广州话！

广州方言叫白话，学名粤语。这几年广州地区先富起来了，粤语于是成了先进文化发展方向，自然成为时尚。再加香港也说粤语，香港在内地人心中可是遍地黄金，所以这年头会说粤语便可以冒充阔佬。

广州人也说普通话，有一句戏言“天不怕，地不怕，就怕广州人说普通话”。 当年侯耀文在春晚上演了一个小品讽刺广东普通话，此后“广普”成为春晚上的常备笑料。东北人巩汉林的行头和广普发音，一度让北方人认定广东人就是那样的。

广州人说普通话可以把人笑死！比如，广州某领导去中央开会，跟人聊天吃西瓜时，道“你吃大便，我吃小便！”意思是：“你吃大片，我吃小片！”竟说出如此礼让的话，这样的普通话难免会闹笑话。

据老广州说，1911年中华民国成立后，首届国会中有人提议奉广州话为国语。那时粤籍官员多，北京话以一票之差压倒粤语成为国语，真是好险呀！要不然，课本上尽是些冇、乜、咁、叻之类没几个人认识的字，那中国还不知道乱成什么样子。

广州人说话除了普通话表达方式吃力外，最大的特色在于其用词的极为贫乏。比如要表达一个“好”的意思，汉语中本来有很多形容词：美丽，精彩，出色等等，但广东人却只用一个“靓”字。文章写得好用靓，事情做好了也叫靓，说人漂亮还用靓，唯一的区别是男孩漂亮就是靓仔，女孩漂亮就是靓女。

广州称呼人时十分节省，不管称呼谁都喜欢在前面加个“阿”字，诸如阿德、阿强、阿华、阿莲……这样显得亲切随意。结了婚的一律叫叔叔和阿姨，没结婚的一律叫哥哥姐姐。至于对方的年龄和辈分，那一点也不影响对人的称谓。即使年纪再老的称呼起学生也叫“学生哥”，即使年龄再大的未婚男士也可以叫“哥哥”。

广州话用词随心所欲，他们会说一对鞋子、一支啤酒！对于不太确定用什么量词的东西，他们从不去思量，一个“个”字通吃一切，比如什么“一个事情”，“一个桌子”等等。在句子结构、语法表述等方面，广州话也是不讲究的，主谓宾语颠三倒四地乱用，一点章法都没有。

广州话和内地话差异很大，不同随处可见了，比如“中意”即喜欢的意思；衣服称为“衫”，外套就是“褛”；天冷会说“好冻”；洗澡则说“冲凉”；吃火锅叫“打边炉”。也许是因为工作机会特别多，广州人把找工作很随意地叫“拣工”，就像商品一样挑挑拣拣。“炒”更是普遍，炒鱿鱼和被炒鱿鱼早就司空见惯，“不打东家打西家”，不是什么大不了的事。

走在广州，平平仄仄的粤语，在你耳边缭绕。从这时下中国最时尚的方言里，一不小心，你就能听到这上下两千年，无数羊城旧事。

城市发声

1.“唔系啩，假嘅？！早知唔来仲好过。”（不是吧，假的？！早知道就不来也罢。）

——工商部门组织专家在北京路步行街，举办免费为市民鉴别商品的活动。一位师奶让专家直接用放大镜检验她手腕上的玉镯，专家给出结论：“玉镯是玻璃的。”师奶显然有点错愕，说了这么一句话。

“唔系”（不是）是句典型广州话，鲁迅之子周海婴莅穗访问时，记者问周海婴会不会广州话，他就用颇为地道的广州话与记者交流。记者问他：“是你母亲教你说广州话吗？”“唔系。”他的这句广州话，使人广州人觉得惊讶之余，益感亲切。

2.“各花入各眼，唔计好丑，但求就手！”（各花入各眼，不管好坏，只要容易追到手就行。）

——两个靓仔在讨论找女朋友的事情，其中一个感叹道。“各花入各眼”意思是萝卜青菜，各有所爱。

广州男人讲究实惠，追求女人不管好坏，只要容易追到手就行，可能请吃了两三次饭之后便向女方提出结婚，吓得一心渴望浪漫的女人拔腿就跑。广州男人不好张扬，可最后发了的还是广州男人。他们喜欢自己当老板，哪怕是开个云吞面铺也怡然自得。他们不会出于一时冲动把自己灌得烂醉来显示自己豪爽，也不会三番五次请靠不住的女人吃饭。广州人把谈恋爱叫“拍拖”。拍拖原本是指一只有动力的船拖带着另一只无动力的船并排航行，看起来有些像男女牵手行走。

3.女儿：“就快圣诞啰喔，你谂住买乜礼物畀我啊？”（就快圣诞节了，你记得买礼物送我啊。）

母亲：“阿妈生日你都无咩表示，人地耶稣生日关你鬼事咩，人的生日，你收礼物，你仲好意系？”（妈妈生日你都没表示，人家耶稣生日

关你什么事情，别人的生日，你收礼，你好意思？）

——繁华的北京路步行街，一对母女边逛街边聊天，听到女儿的话，妈妈生气地把她教育了一顿。

很多人都说广州人势利，什么都利字当头，多好的朋友也会计较；母与女，父与子在钱上都一点不含糊。朋友在一起玩牌赢了钱，收张五十元钞票都要在灯下照照，看是不是收到假钞。母亲借钱给外嫁的女儿，也要她写张字据，更不用说普通朋友了。从这母女俩对话可见一斑呀。

4.“你仲有股票吗？如果连买菜的阿婆都在谈论股票，你最唔要再一头扎进去了。”

——近年来随着经济危机的加深，股票每况愈下，从高峰期间六千多点直降到一千多点的，以至于很多人着急抛售手上的股票。

在广州街头巷尾，一个段子广为流传了：“宝马进去，自行车出来；西服进去，三点式出来；老板进去，打工仔出来；博士进去，痴呆傻出来……总之，就是地球进去也是乒乓球出来。”很多深套股市的股民苦不堪言，以至于很多广州人见面就问：“你仲有股票吗？”

5.“有冇谂过买楼啊？”（有考虑过买楼吗）

“买楼？跳楼仲有谂过！食咗人只车咩？”（买楼？有考虑过跳楼！想要人家的老命吗？）

——一位街坊路过宏城广场，有人向他硬塞楼盘广告单，他跟派送广告单的年轻人这样说，随手就把印刷精美的楼盘广告扔在地上。

广州楼市从2007年年底就开始低迷，各个楼盘打折风兴起。进入

2009年更是寒意袭人，价格是每况愈下。房地产商使出浑身解数，老百姓还是持观望态度，买涨不买跌，老百姓对市场失去信心，就是不买！作为改革开放的桥头堡，广州楼市的冬天最先到来，开发商们还是准备过冬的衣物吧。

6．“排队啦，靓女嘎晒咩！”（排队啦，靓女了不起吗？）

“一部通书睇到老！”（用老的眼光看待新事物）

——晓港地铁站旁边一间邮局里，正在排队办理业务的一位年纪大的街坊，看见一位学生打扮的靓女径直走向柜台，很不满地直接对她这样说。靓女不耐烦地回敬了他一句，“一部通书睇到老！”这句话虽然有点不对题，但可以看出靓女是嫌弃老人家的啰嗦守旧。

7．“部长，加个菜！多解。”（部长，加个菜！多谢。）

“有乜野帮到你？”（有什么帮助你）

——西关一间酒楼，一位街坊与友人吃饭，差不多要吃完了，想冲壶热茶。可是喊了“加水”，很久都没人过来。

忽然，他这么喊了一声。部长匆匆赶了过来，忙问：“有乜野帮到你？”那位街坊懒洋洋地，指了指那揭开了盖的茶壶……

8.“你真好彩！光棍佬遇着冇皮柴。”（你运气真好！想敲诈勒索的却遇着穷光蛋。）

——小偷轻易地就把一靓女手机掏走了。忽然靓女发现，竟不顾一切地冲过去，一把抢回自己的手机，路人围了上来。小偷也只能说：“咪畀番你咯？”（不是还你了吗？）然后悻悻然离去，好在没有狗急跳墙。路人对靓女说她运气真好。也不知是说她能拿回手机，还是说遇上没有凶狠的小偷。

广州的治安经常受人诟病，大街上的“飞车贼”“砍手党”时常出没。街上的自行车很少有新的，因为几乎每人至少有两三次被偷车经历，所以只好从小偷手上买便宜的旧车。

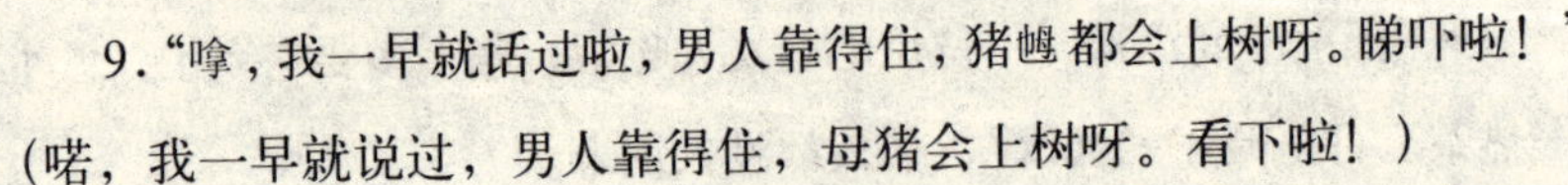
9.“嚊，我一早就话过啦，男人靠得住，猪乸都会上树呀。睇吓啦！”（喏，我一早就说过，男人靠得住，母猪会上树呀。看下啦！）

——珠江边一间大酒楼，早茶时间，一个中年妇女指着当天日报上一条贪官包“二奶”的新闻，递到她老公眼前这样说。语气中能听出几分指桑骂槐的意味。

男人对这种近乎无理取闹的指责虽有不满，也不想争辩，只是低声骂了一句：“痴线（神经病）！”就没再搭理她。

10.“先生，买份报纸啦！有套套、苹果、牙膏、米、桶装水送哦！”

——在公交车站牌前，一个报摊的小报童，对着等车的人群吆喝道。

广州媒体竞争激烈，这个远离政治中心的城市，言论气氛和尺度好像格外宽松。广州的媒体经常能曝出猛料，让人眼前一亮，在全国产生巨大的影响力。《南方周末》、《南方都市报》、《羊城晚报》、《信息时报》等，还有《南风窗》、《新周刊》、《南方人物周刊》等，一个城市能这么多影响力大的报纸刊物，真是这个城市的幸运。这些报刊之间竞争也很激烈，所以报纸摊旁边的现代报童几乎会提供你生活的柴米油盐，原来报纸可以满足你这么多物欲。

11."酒楼火烛，食客有福。呢次唔使埋单啦。"（酒楼失火，顾客走运。这次不用结账了。）

——江南大道一间海鲜酒楼厨房日前发生火警，里面食客纷纷避走，酒楼外看热闹的一个路人这么说。一个刚从酒楼的滚滚浓烟中逃出来的食客反驳他说："你以为啦，埋左单先仲畀我地走嘎。"（我们是结了账才让走的。）

12."今晚我睇好吗喽同埋红波，点解？吗喽屁股你话乜野色呀？"（今晚我看好猴子和红波，当的可以吗？猴子屁股你说是什么颜色？）

——西关一间老字号茶楼，下午茶时间，茶客甲在细心研究过台面上一堆资料后，摘下老花眼镜，很有信心地向茶客乙推荐他的"心水"。台面上堂而皇之地摆着几张彩报和单张。

广州私彩日渐公开化，彩民叫它"六仔"，开奖时间与香港"六合彩"的开奖时间同步。当地不少居民、租客都会参赌，有些点每期的非法投注额甚至高达数百万元。这些点多藏在被称为"士多"的杂货店里，店主警惕性非常高，通常都在其周围的各个路口设有"探子"。

13."关我嘿事，我嗨出来买酱油的！"

——广州电视台记者随即采访一市民："你是如何看待'艳门照'的?"市民不屑一顾地随口而说。

该电视台如实播报出来，此语在网络间迅速流传，各种PS和改编风靡一时，由此甚至派生出了酱油党。一句再普通不过的话，居然在这个时代变成了精辟，反映了百姓对明星和娱乐变得冷漠，人们更关心实际的问题，柴米油盐。

14.“捞仔叫阿强，米睇佢有读乜书，睇特码好准地啵。”（他叫阿强，别看他读书不怎么样，可是看特码很准哦）

——早茶时分，同台相熟一个茶客向旁边人介绍一位年轻人时这样说。“特码”就是地下“六合彩”。

广州人把广东以北的人，上年纪的叫“捞佬”、“捞婆”，年轻的叫“捞妹”、“捞仔”，似乎以此形成了本地外地两个界限分明的体系。据说，早前很多南下干部他们打招呼都说“老兄”，广州人学成了“捞兄”。改革开放后很多外省人到广州工作，就被称呼成带有歧视味道的“捞仔、捞妹”。在广州出名的音乐人“捞仔”，就因讨厌广州对外来人的歧视，一发狠艺名就叫“捞仔”。

15.“今年物价上升，上年祭祖烧猪一只二百文，今年简直翻成倍有多，不如用烧鸡顶替啦。”

——拜山果时，听到山路的道旁一位阿婆在谈论着，另位说：“你如果一定要烧猪，可以试下‘斋烧猪’的。”广州人每年清明都要祭祖，粤语叫“拜山果”。

很多广州人都比较迷信，迷信命运、风水，有时几乎到了可笑的地步。甚至有些外地人仅仅因为不懂当地的风俗习惯，冲犯了他们的禁忌，就可能被炒鱿鱼或被骂得狗血喷头。

16.“你当我傻嘎？咁都揾到食，仲有人做野嘅！？”（你以为我是傻瓜吗？这样都能骗到人，还有人去做工吗！？）

——人称“傻三姑”的神婆每天黄昏后，在北京路步行街附近摆摊，替人看相算命。生意不错，窍门就是逢人只说好话，“有‘小人’嘅，个个都系‘贵人’。”于是人人都是她的贵人。

有一次她看迎面走过一个中年男人，又用老一套方法来糊弄他时，没想到那个中年男人对她一顿臭骂。尽管“傻三姑”还未来得及说到“要钱”的部分，这位老兄警惕地识穿了这个日日在同一地方重复上演的骗局。

17.“十一点七放学！”

——一个外地来的家长刚到广州工作，孩子转学到新校时，为了接送方便，问老师学校几点放学，老师告诉他：“十一点七。”当时他以为是十一点零七分，心里就想，沿海城市就是不一样，连时间都精确到分钟了，特佩服！后来才知道人家说的是十一点三十五分钟！

广州人在时间的表述上也非常省略。他们不用小时和分钟来表述时间，而是把一个小时划分为十二个“字”，一个“字”代表五分钟，比如，一点二十分，那就是一点四个字。

18.“如果我话的蟹包坚就呃你嘅 ，边地有咁多阳澄湖大闸蟹啊？

不过我地嗨蟹拣手，足秤，包冇慢爪啵！”（如果我说我的蟹是正宗大闸蟹，那是骗你的，哪来那么多阳澄湖大闸蟹啊？不过我的蟹保证精选，足秤，绝没有半死不活的。）

“咁假蟹都好过死蟹！”（那假蟹总比死蟹好）

——长堤一间餐厅，老板正在推销大闸蟹。有段时间，广州出现很多冒充的“阳澄湖大闸蟹”，并被曝光有毒，使得食客对大闸蟹的信心大打折扣。但是大闸蟹的魅力还是不可挡，酒楼餐馆的大闸蟹销售并没有大幅下滑。

这家酒楼老板实事求是，食客吃得也放心。“吃在广东”之所以能成为名言，离不开支撑它的服务业的水平。广东的服务业水平在全国堪称一流，让你感觉消费就是享受。而在内地有些城市，人们消费时总会感觉在受气。

19.“越秀的花市是一定要逛的。我家住芳村，那里的花市也很好，但我每年都要到这里来玩一趟，因为从小就在这里买花，觉得这里的过年气氛才‘正宗’。”

——大年三十的越秀花市，十里长街，群芳竞发，阿发带着全家一起挤在潮涌般的滚滚人流中，与花农讨价还价。为了让摊主便宜点，阿发强调说。

广州又名花城实在名不虚传，一些小巷遍布秀气的白兰花树和鸡蛋花树，还有娇小的茉莉花树与米兰树。广州人爱花、养花、赏花的情趣有千年历史，开业志庆送花篮，男女婚嫁坐花车，探亲访友送鲜花。各家各户阳台都会摆上几盆盆景点缀。花已是广州人生活中不可或缺之物，最闻名的莫过于广州花市。“行花街”是广州人的习俗。每到除夕吃完团圆饭，全家一起游花街。看一看那琳琅满目的时花与金桔，感受一下过年的气氛，这一个年才算过得热闹丰富。

20.“有冇搞错啊？踩着人仲好似无事咁。贼佬都识讲对唔住啦！”（有没有搞错，踩到别人就像没事一样，就是贼都会讲对不起啦）

“咁奄尖，不宜嗒的士啦！”（这样挑剔，不如打的士啦。）

——拥挤的公交车上，难免出现一些“亲密接触”，这不又有人被踩着了。双方争执起来，

不过，踩人者听到被踩人责骂时候，却不买他账，来了句广州人都知道的标准回答。当你挤上这个城市任何一部巴士，这样的对话随时都能听到。

21.“噢不用了，他已经戒了……”

——超市里，有一位爸爸用小车推着两岁的儿子，遇到有人推销奶粉，他是这样说的。

自从去年三鹿奶粉被曝光含有三聚氰胺，致使众多婴儿患有肾结石。随后被曝众多奶粉都含有此有毒化学原料，这一重磅新闻流传后，不少消费者都不敢购买国产品牌的奶粉了，估计像这位家长是强制给孩子断了奶。

22.“我跟你们说啊……安静安静！你们现在的残疾啊，这样下弃是不行滴。做事情，就系要咬洗咬钟……”

——中山大学的某学院书记找了些学生来谈话，他苦口婆心地说着，但很多学生还是会一头雾水，不知道说的什么鸟语。他的意思是：“你

们现在的成绩啊，这样下去是不行的。做事情，就是要有始有终……”天哪，普通话就这样的水平。

23.“睇你几时被人打一身呀！”（看你什么时候让人揍一顿！）

——一辆273路巴士刚停下，车上一胖胖的“师奶”朝坐在她后面的两个男人骂了一句就匆匆下了车。两个男人一脸愕然。

原来其中一人刚才向另一个诉苦说：“他老婆最近对他很冷淡，可能怀疑他包二奶。”另一位就安慰他说：“女人都是这样的啦，男人出来‘蒲’，好正路呀。”结果后面的师奶听到了，下车时就冲他们骂了一句。也不知是骂他们贱，还是不同意他的说法。但问题是他们并不认识她呀，这位师奶真是太负有正义感了。

24.“街上的贼仔就好似尼只乌蝇咁 ，佢嬲下你碟排骨，你米挥手赶走佢啰，如果你追住只乌蝇落楼，再追出街，人地就话你乜屎啰。”（街上的小贼就像这只苍蝇一样，它落在你的这碟排骨上，你挥挥手赶走它不就完事了吗？如果你一直追它下楼，再追到街上，人家就会说你有病。）

“嗱 ，人人好似你咁谂，广州的治安有乜法子唔差啊！”（人人都好像你这样想，广州治安想好都难。）

——酒楼里，两个茶客从苍蝇讲到治安，争论起来。

很多人觉得广州的城市规划杂乱无章，建设密度过大，公共绿地不足；卫生环境较差，脏乱差现象严重，大街小巷到处都是“牛皮癣”，特别是遍布全城的河涌恶臭难闻，整天散发出可怕的气味。最让人诟病的是广州社会治安问题严重，犯罪率居高不下。这些现象在其他城市都或

多或少地存在，但广州似乎显得更加严重些。

25.“妈咪，妈咪，点解响学校就讲普通话，番屋企就讲广州话嘅？”（为什么在学校就讲普通话，在家就讲广州话？）

“哽系啦，普通话又识，广州话又识，咁至唔会畀人呃丫嘛。”（当然啦，普通话又会，广州话又会，这就不会被人骗啦。）

——在放学路上，妈妈向女儿解释掌握“双语”的重要性。

在广州，随着外来人口的越来越多，普通话成了大家基本沟通工具。在各个学校里，也都要求说普通话，但往往学生回家后，家长都要求他们学习广州话，那位妈妈的理由说得很有道理。

26.“我适才做梦，梦见回家我们买到一张卧铺票，手续费比票价还贵！然后我们两人睡一张铺。”

“是2月10号的吗？”

——在火车站的购票大厅内，一对民工夫妻席地而坐，前面是长长的买票的队伍，都是排队买票回家过年的人群。这对夫妻已经轮换站队一天一夜了，刚才丈夫实在撑不住打了会盹，醒来就和妻子这么说。丈夫说完胡话后，妻子竟糊涂问他是几号的。

每年到了春运，广州火车站都是“买票难”、“乘车难”，这几乎人人皆知，经常有些旅客因买不到票而滞留。2008年春节那场雪灾更使得广州火车站成为全国的焦点，惊动得连总理都去向大家保证早迟能买到票回家。几乎没有一座城市像广州一样，在一个车站问题上，投射出如此浓重的悲壮意味与历史记忆。

27.“‘马死落地行啫’，到时咪踩返单车啰。最多咪好似70年代‘百万雄师过大江’咁，又唔系未试过。”（到时候就只能再骑自行车，大不了就像70年代的‘百万雄师过大江’；也不是未尝试过。）

——电视台访问骑摩托车的市民，了解他们准备将来禁摩令施行后，如何出行。一个市民这样回答。

“百万雄师过大江”形容20世纪70年代每天上下班时间，广州市民蜂拥过江，挤满了海珠桥面的壮观情景。广州市区禁摩后，已逐步退出历史舞台的自行车开始增多，市民再次选择以自行车为主要交通工具。原本令市民谈之色变的“飞车”抢劫问题，逐渐大有好转。

28.“欢迎光琅！唔好意思，饮茶卜位先啦，请闷鸡喂？”（欢迎光临！不好意思，喝茶的先登记轮号，请问几位？）

——每逢节假日，早茶时间一到，广州几大茶楼大门一开，霸位的茶客就蜂拥而进，瞬间已经高朋满座。迟来的茶客只好向服务小姐诉苦，小姐总会先让“卜位”，所谓卜位就是登记轮号。都说早起的鸟儿有虫吃，在广州是早起的人儿有茶喝。

广州人喜爱饮茶，尤其爱饮早茶，“清晨一壶茶，不用找医家”。广

州人饮早茶，有的是当做早餐的，一般都是全家老小围坐一桌，共享天伦之乐。有的喝完早茶即去上班，有的则以此消闲。消闲族大多为街坊退休老人，他们一般来得最早，离去最迟，从早上茶馆开门可以一直坐到早茶“收档”。

29.“你地听过‘食在广州’尼句话未啊？咁你地话乜野食物最能代表广州啊？”

“听过，肯德基。”

“吓？！点解？”

“因为有薯条食。”

——一位记者在一个小学门口采访小学生，调查什么是他们心中最能代表“食在广州”的美食，小学生们说出了让人大跌眼镜的话。

随着日式料理、韩国烧烤、意大利匹萨、泰国风味菜、西式牛排，各种洋餐铺天盖地而来，在饮食上面，我们才真正感到什么叫全球化。也许在孩子们眼里，可能最有特色的食物真的要数肯德基了。

30.“我们就跟台球似的，怎么也滚不出打工这张桌子。”

——来自江西的农民工小马对着同伴感叹道，他们来广州干过建筑工、保安、搬运工，但换来换去都是差不多。

近年来珠三角出现了民工荒现象，有技术的工人更是奇缺。可是对于打工者来说，他们也想提高自己的技能，但学费成本太高。他们很难找到合适的“进修深造”途径，即便是换工作，也只能是同一水平上的流动。

第四节 偷听成都

一个来了就不想走的城市

“少不入川，老不出关。”这耳熟能详的箴言早在世人面前把成都描绘成了一个富贵温柔乡。剑阁峥嵘而崔巍，一夫当关，万夫莫开，成都自古就能偏安一隅，在破国之时尚能屡屡免去战乱，其他时代自是一派歌舞升平。千年都江堰的灌溉，让成都人皆不知饥馑，所以谓之曰“天府之国”也，富庶造就了这座安逸的城市和这群懒洋洋的人。

“九天开出一成都，万户千门入画图。”这是诗仙李白对当时锦官城繁华的咏叹。建于公元前311年的成都，早在唐代就富甲一方，她可能是中国延续至今而城址未变的最古老城市之一，仅次于建于公元前514年的苏州。关于成都一名的来历，据《太平寰宇记》记载是借用西周建都的历史经过，“以周太王从梁山止岐山，一年成邑，三年成都，因之名曰成都”。

成都外群山环绕，内河流交织，既无北国旷野之疾风劲雨，又少南国晴空之烈日炎炎。独特的人文地理底蕴，孕育了丰厚的巴蜀文化，遂生出一座华丽古朴兼具的都会，养出百代悠闲自得的成都人来。赏花遛鸟玩鱼，喝茶打牌闲吹，成了成都人日常的生活方式。

成都并非麻将的发祥之地，到现在却独领风骚于全国。有段子说是你坐飞机在天上飞，如果听到下面一片哗哗声，那就是成都到了。在成都，无论在灯红酒绿的大街小巷，还是在远山近水的曲院堂屋，耳畔不经意间常听到噼里啪啦地打牌、和牌声。经常就见四个人，随便在哪摆上一张方桌，痴迷迷、笑呵呵地淋漓酣战，对身旁一切熟视无睹，把大把的时间在抓牌胡牌中消磨挥霍。青城山外溪水边，一到夏天，成百上千的麻将桌依次排开，麻将声山呼海啸，此起彼伏，泡在水里打麻将，可谓一大奇观。

5·12汶川大地震让很多成都人至今仍如噩梦般心有余悸，剧烈摇晃使这座几千年来没有遭遇过重大自然灾害的老城，从未如此强烈地感受到生死存亡。也许历史上千百年遴选城址真是别具慧眼，成都安然无恙地与劫难擦肩而过。

灾难考验了成都人的心理承受能力，在经历最初几天的惊慌失措之后，成都人很快就处之泰然。在余震不断的成都街头地震棚旁边，人们开始摆起麻将桌。酒馆茶肆照旧人满为患，常常是两三家人把一整个茶馆包下来，打麻将、聊天、喝茶，反正余震不断没心思干活。因此有人指责成都人"把灾难娱乐化"，但这恰恰是"把灾难日常化"的表现，成都人这种泰然里有几分镇定，实在是了不起！

这个特殊时期成都人打麻将还是有讲究的，比如出台了"关于禁止'成都麻将'部分规则规定——从今后打麻将者一律不准打512！更不能打刮风下雨！也不能打血战到底！更不准说推到和！也不准销人家的根！特此规定！"所谓 512、刮风下雨、血战到底、推到和、销根，都是成都麻将的一些常用术语，听起来真是够激烈刺激的。

尽管这有点演绎的成分，但其中蕴涵的幽默却是含泪，让人见识了成都人的豁达。毕竟在经历了家破人亡的心灵痛楚后，在举国哀悼的沉重压抑中，为持久的伤感带来些许轻松和安慰。让人感觉成都真是个创造奇迹的地方，不管啥东西到了成都人手里，都能耍出乐子来，都能耍出情趣来，而且还那么潇洒，那么自然，那么举重若轻。

中国第四城

抗战时期，朱自清流落到成都，写篇散文《外东消夏录·成都诗》告诉当时的世人——“据说成都是中国第四大城”。

几年前一些媒体力捧成都为“中国第四城”，着实让成都火了一把，使得成都一跃成为主流性大都城，兴奋得成都人都涨红了脸。

成都比起京沪一类大城市，没有那样遍地开花的林立高楼使人眼花缭乱，也不像重庆那样高楼见缝插针、耸入云端。成都楼一般往宽里拉，看起来平和舒适，使人的视觉不感到吃紧。成都的马路笔直，路面宽坦，很少有高架路，街上车水马龙却完全没有了急躁，生活在这里是很放松的感觉。

就这样成都人还是嫌城市里吵，一瞅着节假日的空，几乎是倾城出动到附近的郊区和山里，去住上十天半个月的“农家乐”。

成都人的“闲”是出了名的，闲得都快散了。自在惬意始终是成都人的终极追求，也许成都人跷着腿、汲着茶，散淡的目光早已看穿尘世。日子对成都人来说是水，他们则是鱼，游着走就是了。成都人恨不得把街上的公共厕所都改成门面，然后租给外地人，自己过上坐收房租的日子。

西边有女初长成，成都在外享有盛名的当数美女。人们都说到了成都才恨结婚太早，所言决非子虚乌有。这里街街暗藏美人计，处处都有桃花劫。食与色天然并立，“秀色可餐”用到成都妹子身上恰到好处。成都妹子一般都长得小巧玲珑，打扮得让人眼花缭乱。入口甜而清爽，回味口感微辣，那是辣妹子特有的风味了。

成都妹子嘴劲最拔尖儿，满街头的酸辣粉和麻辣串摊就是为她们准备的。她们守在推边不歇气地吃，直吃得嘴唇鲜红，口里嘘嘘地往外面吹气。临走还要拿着端着，旁若无人地边走边吃。

你以为她们吃这么多燥辣的食物会影响皮肤？那你就大错特错了。她们简直是越吃皮肤是越好，个个是白里透红与众不同，她们皮肤怎么夸都不过分。成都妹子身段玲珑、婀娜撩人，加上一副小蛮腰，是女人中的佼佼者。夏天的春熙路夜市，她们或一袭薄纱遮身，或几缕布条束体，唯恐露不出她们的好皮肤好身段来。

“锦江春色来天地，玉垒浮云变古今。”成都作为中国历史文化名城，的确潜含着丰厚的历史文化底蕴和强劲的文化生命力，绚丽的历史为今日城市现代的躯壳赋予了不朽的文化灵魂.

这里人哪个没受到过司马相如、扬雄、李白的熏陶，所以自古就大量出产文化名人，随便数一数便可以列出一串名单来。据说，构成“第三代人”诗歌最有影响的三个流派和群体中的“非非”和“莽汉”老巢便在这。

成都娃儿嘴巴狡

成都少阳光而多雾，这不，人们常笑话说“蜀犬吠日”。“头上青天少，眼前茶馆多”，成都凡大街小巷大小茶馆随处可见，“坐茶馆”于是成为成都人的一种特别嗜好。反正外面也不灿烂，在屋头坐着还闹腾一些，因此也养成了成都人爱聚拢在室内活动的习惯。

“四川茶馆甲天下，成都茶馆甲四川。”尽管喝茶并不是成都专有的，南方大部分城市都有喝茶的习惯，但具有特色的成都茶馆可说是一绝。

这些老茶馆或当街铺面，或巷中陋舍，或河畔凉棚，或树间空地，三五张方桌，十数把竹椅，再加上老虎灶、大铜壶、盖碗茶具，也就成了一方乐土。

成都的茶馆热闹非凡，卖瓜子花生的，掏耳朵的，擦皮鞋的，舒筋骨的，打长牌的，谈生意的，闷瞌睡的，百业千行都对茶馆情有独钟。成都人偏要挤到一起到茶馆里找感觉，所谓闹中取静喝杯茶去，忙里偷闲拿杆烟来，其逍遥派头可见一斑。

成都人口舌滋润了，言谈话语自然鲜活灵动，所以爱在茶馆摆“龙门阵”。龙门阵换了北京话来说就是“侃大山”。但成都的侃可不是天南地北、海阔天空的穷侃乱吹。单单一个“摆”字便活脱脱地显示出了其气派与声势。成都人大半辈子都浸泡在浓茶中，所以源远流长无所不包的、生动活泼风味无穷的龙门阵，给他们带来了无穷的文化滋养、历史知识乃至人情世故、生活经验……

摆龙门阵靠的是张嘴，成都人那张嘴说起话来舌头拐弯抹角，有种铿铿锵锵的味道。卷舌音在成都话里绝对是另类，没有卷舌音的成都普通话叫“炒焦盐”。 在成都，人们一般都会使用三种语言：四川话、普通话、炒焦盐。

哪怕是再简单不过的事情，在成都人嘴里也可能七弯八弯天下地下给你铺排开成一串串开花开朵的故事来，再平淡无奇的事这么一渲染，也顿觉得曲径通幽处。对成都人很多时候说话并不只为了简单直接表达一个意思，更多是为了说着好玩，把话语在舌头上颠来倒去地品味、欣赏、展示，所以人说“重庆崽儿砣子硬，成都娃儿嘴巴狡”。

一个玩手上功夫，一个鼓嘴角风云，重庆、成都这对孪生兄弟性格差异一目了然。重庆人脾气暴躁，风风火火，吃软不吃硬；而成都人则是绵里藏针，惯打太极。 由于是山城，重庆人爬惯了山疙瘩，就算住在没有电梯的9层也不觉得累。也许正如此重庆人始终活得累，远远没有成都人泡泡茶馆打打小麻将来得悠闲。重庆和成都唯一的共同点是都喜欢吃。

玲珑小巧一张嘴，吃出千奇百怪花样来，好吃又便宜的川菜一直让国人心驰神往。如今一毛钱还能买什么？到了成都，就能美美地吃上一只串串香了。到成都没有理由不放开肚皮海吃，随便往街上一站便见得那一张张油嘟嘟的小嘴，满街不分时辰的菜肴香味，大大小小的老字号和摊摊贩贩，便便宜宜地让人吃得煞是过瘾。

百年老字号陈麻婆豆腐店，就在有名的道观青羊宫附近。钟水饺、赖汤圆两个老招牌店都在蜀都大厦旁。还有谭鱼头、麻辣烫、潭豆花、韩包子、龙抄手、宋嫂面……说着都让人流口水。成都的吃还有一绝，那便是火锅。什么鱼头火锅、鸭肠火锅、毛肚火锅、泥鳅火锅、兔火锅……不管是荤素的，生的还是熟的，也不管是珍馐佳肴还是下水杂碎，天上飞的、地上爬的、水里游的，只要是能吃的，在成都统统地给一锅涮了。

走在这“第四城”的慢生活里，看看满城烧烤和沸腾烟雾，听听“成都街娃嘴巴狡”。从这绕在舌间铿铿锵锵的腔调里，感受出这个城市的优美和闲散。

城市发声

1.“慌啥子慌嘛，前门来上，贱是九四九，你数一下子嘛！好烦哦，你搞撒子嘛。”

——小伙子最后的一元零钱买了张报，上公交后只好拿出一张百元大钞给售票员。半天后，售票员递给小伙子翻了几十倍的一沓零钱，净是些一元、五元的，让小伙子大跌眼镜。好烦哦，车上这么挤，怎么数嘛，于是直接装进了口袋——口袋一下子“鼓”起来了。

成都话“四”、“十”不分，四就是十，十就是四，九十九是九四九，没有卷舌音的成都话听起来别具风味。

2.“贱么大喽，走路还不晓得看路，呱呱呱，只晓得说……生活这么好了，啷个脑壳不长油水哟？”

——一个老头扶着老太太下台阶，准备过马路，嘴里责备着老太太，脸上写满了爱怜、关切，犹如对待一个不懂事的小女孩。老太太只是任性地瘪瘪嘴，还是靠着老头的臂弯走路，继续听着他的絮叨……相扶到老不容易，听着这琐碎的唠叨，真是感觉这座城市很温馨。

3.“你咋个开车的嘛！瓜娃子，不晓得贱边不能左转唆。就是贱些人乱开车，把交通搞得贱么乱！”

——近年来成都私家车数量快速上涨，一些高档社区或大型楼盘内买车的人不断增多，早在2005年，成都的汽车数量突破140万辆，成为仅次于北京、广州的私家车“第三城”。目前，这个数量还在以每年6万辆的速度增加，虽然便宜的车子居多，但就是辆 QQ，在成都也是可以到处拉风，这样的日子能过的不舒坦。

由于成都私家车数量多，车流大时也常出些小堵塞。但脾气最大最火的还是公交车和出租车司机。这就是一位出租车司机被抢道后的标准成都“市骂”！

4.“咦，还有人来看川剧啊？他们多半是来看‘变脸’的，那个确实是四川的一个绝活！”

——华兴街省川剧院门口，两个路过的小伙子，看到从旅行大巴上下来的一群游客，随即进行了这样一段对话！

戏剧一开场，无非有故事情节，基本功无非有唱念做打。川剧却偏不满足，要闹出变脸、帮腔、滚灯、踢眼、喷火、耍牙……让你叫绝，让你拍案。这些似乎是街头地摊上江湖人卖狗皮膏的玩意，川剧就愣是由着性子让它大雅进来。

5.“‘华西’、‘商报’、‘晚报’、‘天府’……师傅，买一份嘛！”

——西门一个公交车站前，一位小报贩正在卖力地吆喝叫卖，不一会就卖出大半。

在赶公交上班时，买份报纸已成为许多成都人的日常习惯！成都的报纸特多，且销量都极大，各大报纸还时不时搞点新闻大战，让外地媒体同行们都羡慕不已，这不能不归功于广大成都市民的龙门阵。

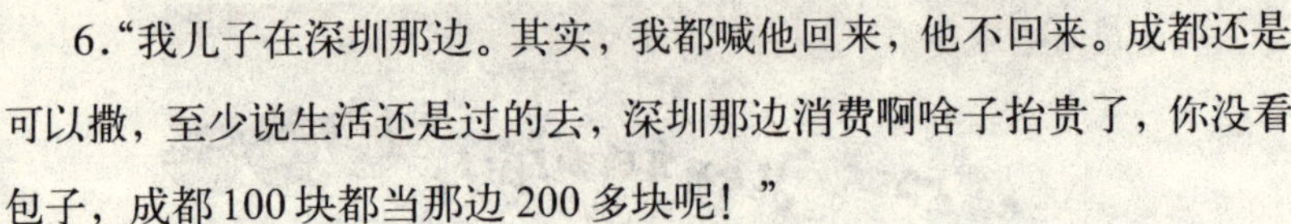

6.“我儿子在深圳那边。其实，我都喊他回来，他不回来。成都还是可以撒，至少说生活还是过的去，深圳那边消费啊啥子抬贵了，你没看包子，成都100块都当那边200多块呢！”

——某医院，中午休息时，一个中年护士大姐正在和同事拉着家常，聊着聊着就对比起成都和其他城市来！

比来比去，看来看去，当然还是成都好，这儿才是最宜于居家过日子的地方！成都人崇尚的是自在实在地居家过日子，而居家过日子并不在乎外表的堂皇富丽，要的只是衣食住行方便惬意。若以此为标准，成都自然是块洞天福地了，比哪里都好。

7.“不得哦，到处都要排号，现在餐饮的生意也太好了嘛，找个吃饭的地方都找不到。邹，到府南新区灾区看哈！”

——羊西线，两三个刚下车的年轻人看到拥挤的餐厅和门外排号等着入座的长龙，发着牢骚。看来，成都“美食之都”和“好吃”的名声并不是浪得虚名，尤其是节庆时更是人满为患。

外地人到了成都，要是不放开肚子来山吃海吃，那算是对不起成都人了。成都有太多好吃的东西让你没有理由不吃，即使你是想要苗条的淑女也没有借口抵制。

8.“我又刷了三千多的信用卡，换了一个新手机。三千多哦，下个月咋个还哦！哪点去搞点子弹嘛！”

——王府井商场门口，一位穿着时髦的粉子对身边的朋友说道。成都话里粉子意指“漂亮女人”。她不知道是叫苦，还是炫耀，“哪点去搞点子弹嘛！”听起来真是火暴。

但是，信用卡提前消费已让许多成都年轻人变成了“卡奴”确是事实。成都的女孩子们爱打扮，也善于打扮，一个个装扮出来粉嫩粉嫩的，被广大成都男人们称为“粉子”，而粉子成为卡奴当然很合情合理。

9.“贱个话还安逸嘛，甜天儿都听到起的，不肖得好多人都背得到了。”

——在春熙路步行街某运动服装店门口，三名蹲在路边的年轻男子看到逛街的小两口，赶紧围了上来不断重复着相同的话，“先生小姐，阿迪耐克三折，来看哈嘛！”于是小两口打趣道：“这个话还安逸嘛……”

因为他们经常逛街，与这些路边的“串串”有着大量的“亲密接触”。无论是在上下班的路上，还是在工作的地方，每天至少要听到这句话十遍以上。

10.“晚上，切哪耍嘛？喝茶、K歌，还是去酒吧或者迪吧……”

——参加朋友生日宴的小王和朋友们吃完饭后，又遇到晚上怎么耍的难题？

难怪，许多外地人都认为成都是“耍都”，耍的地方多，耍的人也多！什么东西到了成都人手里，都能耍出乐子来，都能耍出情趣来，而且还那么不经意，那么潇洒，那么自然，那么若无其事。连谈恋爱都叫“耍朋友”。

11.“哥老倌，紧来喝茶！”

——百寿路，茶馆的跑堂在招呼来往的过客。

在成都，生意好的茶馆，其场面十分壮观，几十桌上百桌沿街边铺展开来，算一算上百人也不止，这群人中也是贫富不等，看一看旁边停的车，有宝马、雅阁，也有夏利、奥拓，更多的是自行车，还有三轮车。

12.“这个月遭疼了，结婚的人太多，我都已经送了四份彩礼，马上下个月初又一个朋友结婚，这哈安逸了，包包都遭整空了！”

——城东某公园，正在喝茶的一个年轻姑娘正在对朋友“痛心疾首”地倾诉。许多成都年轻人都赶在十一期间之类节假日结婚！结婚扎堆使得亲朋好友们送礼变成一笔负担，年轻人本来收入不多，但吃喜酒总不能空手去呀！这不，几场喜酒喝下来，包包不遭整空了才怪。

13.“哟，嫌挤嗦？要清静吗各人回家去，不要出来转嘛。进殡仪馆火葬场还要排队挤轮子哩，你惊风火扯叫唤啥子？瓜不兮兮的，我看你脑壳头长得有乒乓（意即包块）哟……”

——在春熙路，几个成都妹子数落一个外地小伙子。小伙子走路一不小心碰着她们了，这可饶不了他。

别看成都妹子平时嘻嘻哈哈，颇讨人喜欢。说起话来表情丰富，神色活泛。她们小话居多，不是嗤笑那个瓜娃子好讨厌，就是窃议这个小伙子还可以。这些花儿通是长了尖刺的，从来小嘴不饶人，骂架尤见厉害精彩。你不留神惹着她，她柳眉顿然一竖。这不又开始了……其语态简直就是千回路转，让一些外地男人惊叹不已：这难道是骂人不成？这纯粹是在向男人撒娇，是轻声吟唱爱情小曲。

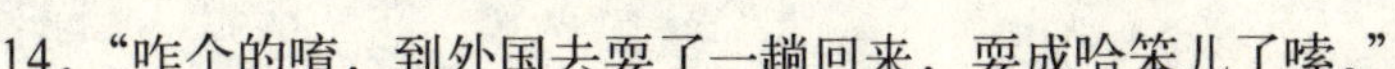

14.“咋个的唷，到外国去耍了一趟回来，耍成哈笨儿了嗦。”

——几十年不见的小学同学聚会，吃完饭，也不叙叙旧，拉开桌子就打麻将，大家认认真真地摊牌，规规矩矩地交钱收钱。

一个离开成都很多年的同学，哪里懂得打牌还要认真输钱的道理，不情愿地交出输了的钱，嘴里嘟囔着：“还真输钱嗦，这不是赌博

么……”

一桌子老同学你看看我，我看看你，像发现了外星来客。这时一个同学终于不耐烦地嚷道了……

15.“补泡喽，安心睡。几得在枕头边放瓶水，免得喝自己的尿。”

——在小区门口，一位大爷发完牢骚后回家睡觉。汶川大地震发生后，成都受到严重影响。在接下余震不断的日子里，成都人开始比较恐慌，后来整个听天由命的姿态。

成都人这时跟老天发牢骚，“老子毛了，不跑了！”几乎成了成都人口头禅。成都人在精神状态是以柔克刚，犹如太极拳应对刚劲强蛮的打法，有一种四两拨千斤的效果。

16.“咳，老子现在最低消费是6.0！”

——几个老朋友在茶楼喝茶，突然，余震来了，摇了几下，顶上的灯晃了晃，桌椅咔咔作响。大家马上猜测震级。经历过大地震的成都人，大多数都可以比较准确地判断余震的大概级别了。

有的说，得有5级，有的说，不止，得有5.5吧！一个朋友没有感觉到余震，大家问他为什么？他于是满不在乎地说……

17.“各位同志，接上级通知，为了纪念地震发生，请大家今天下午2点28分自己抖动2分钟，以表达我们的众志成城，重建家园的决心。特此通知！”

——在单位会议上，领导忽然拿出手机，一本正经地向大家念道，没等说完，底下一片笑声。

成都人就是幽默，把幽默当成一种渺小、无奈和恐惧的心理宣泄。无论面临怎样的灾难，都有自己救助自己的一套生存策略和生命哲学。成都人特别达观，他们不认死理，不较死劲，东方不亮西方亮。

18.“晓得你妈那年在哪个野庙子去烧的野香哟，会生下你这么个东西来，糟蹋菩萨啊！”

——成都人骂人不说山野之人那种日妈捣娘的粗话，他们骂人也能骂出水平，骂出特色。

类似于这样的骂法，有时硬要你想半天才能回过神来，而明白了往往也无由发作。这就是成都人的小聪明小滑头，骂人也讲艺术。

19.“格老子的，我最看不惯这种抢车的龟儿子，明明是你先招的手嘛，我偏不载他。”

——有一次打车，远远看到一辆空车开过来，一位女士招了下手。突然不知道从哪窜出个大汉，冲到她前面跟女士抢车。女士愣在那，也

许心想算了，人家有急事呢。

结果出租在大汉前面绕了个很大的弯，开到了女士的面前。上车后，司机大义凛然地说了这番话，让成都人的形象瞬间高大。有些脏话或脏字属于成都话特色的一种，像“老子”、“龟儿子”在成都话里已经没有骂人的意思，而是一种语气助词。

20.“朋友，照张相，留个影嘛！”

——下午的天府广场，云集着大量的外地游人，不断地按着手中相机的快门，打烙着自己在这座城市走过的印记。

广场上隔几米远就有一处照快照的摊位，老板或是忙着向走过的路人推销，或是乐呵呵地拿起相机为游人留影纪念。“朋友，照张相，留个影嘛！”这句话充满了成都人对外来游客的欢迎与友好。

21.“喂，师傅，价钱少点嘛，以后常来照顾你。”

——菜市场里，一位打扮入时的粉子，为了几毛钱的菜和小贩讨价还价。看起来虽然是初当家庭主妇，但侃起价来却毫不含糊。

也许成都因为有丰厚的物质基础，生活格外的方便舒适，成都人才少有显得紧紧张张，忙忙碌碌的，而是从从容容，悠悠闲闲。成都人注重生活，人们下班后都不会亏待嘴巴。

22.“今天晚上吃啥子？你浪个不开枪（腔）喃？去那边巷子头搓一顿黄辣丁。”

——两个年轻人晚上正商量去哪里吃饭。

成都的吃，就像时装，是一种流行。什么黄辣丁、水煮鱼、公鸡蛋、鲜毛肚、麻辣蟹……一拨接一拨，年年都有新花样，年年都有新款式。旧的还未退潮，新鲜花样又出来了，让你应接不暇。你要是跟不上潮流，还在翻炒什么陈年老菜，没得说，准保被当成瓜兮兮的。

23.“你是天上的丁丁猫（蜻蜓），我是地下的推屎爬儿（屎壳郎），你在天上打旋旋儿，我在地下撵趟趟儿。”

——这是成都方言音乐散打专辑《时事播报乱劈财》里《素芬》的歌词，这也是一张完全用炒焦盐来演唱的专辑。是成都人廖健制作的，他说阿杜的专辑在成都才卖两三万张，周杰伦也才7万，这份专辑达14万。

成都这几年方言剧大胜，2004年，四川话版《猫和老鼠》第一个月的发行量就达到20万套，4个月创下了100万套的销售纪录，也让全国掀起了给经典配方言的热潮。2005年3月初，沈伐主演的四川方言剧《王保长后传》，在成都创下了9.5个百分点的惊人收视率，远超央视大戏《汉武大帝》在成都5个百分点的收视率，湖南、新疆等地纷纷购买此方言版本。

24.“现在的房子硬是越起越高了，而且还飞贵，动不动就几千块一个平方，你说我们那时候，房子好宽好便宜嘛。现在房子又小又高不说，连个晒太阳的坝坝都没得！对门四户的都认不到！”

——城西某小区，两个在巷口晒太阳的老年人，正有一搭没一搭地聊着天。言语间透着股怀旧与不解，一时恍惚置身于两个时空。

随着城市各大工程的开展，成都城市格局脱胎换骨，现代化的新形象呼之欲出，而老成都们眼里却满是失落。

25．“地图拿在手里，你不会看啊，你个瓜娃儿！”

——外地游客拿着地图，兴冲冲准备坐车一览锦官城风光时，却发现成都地图上标注的公交线路只有起点站和终点站，中间站点全被略去了。问一个成都人怎么坐车，他竟会慢吞吞地这么说。

成都地图上取而代之的是花花绿绿的各种广告，不是某某宾馆，就是某某楼盘，至于风湿跌打、妇科广告也是习以为常。成都人认为地图上印全公交线太麻烦，并且没人去看，并对此戏言：“标全了就没得人坐富康（成都出租车主要车型）了。”

26.“蜀都农家乐，纯情土鸡不抹口红，野生鱼没看过电视；三只耳的火锅鱼锅底，潜伏了5480粒海椒、6640粒胡椒。”

——下午时分，四川经济广播电台一档大受欢迎的节目——《吃在成都》开播了，主持人飞哥用纯正的炒焦盐开腔了。

在成都，一般人会使用三种语言成都话、普通话、炒焦盐(川普)。《吃在成都》的主持人飞哥却能在广播节目里熟练使用这三种语言，这受到广大听众的追捧，对很多市民来说还是成都话和炒焦盐听起来亲切。原来这个时段属于垃圾时段，现在因为这档节目电台都调整了广告价格表，因为要做广告的商家太多。这档节目收听率太高，几乎可以说救活了一个电台。

27.“你今天要是违反纪律打出租车回家，小心你娃儿的耳朵被车黑

白电视机频道，特别小心你那像老女人的乳房那样干瘪瘪的钱包被我再次没收了哈，并且，壳壳都不会给你留点！”

——一个漂亮的成都女孩手中拿个漂亮手机一边走在繁华的春熙路上，一边对着手机说上最后一句带命令的话。上面“车”是被扭的意思。

成都女人特别重视打电话，在电话旁的说话声很“嗲”，但又不好说那就是温柔，因为那种“嗲”，是有一种小小的娇纵在里面的，仅此而已。她们声音灵，但是不够优雅；脆，但是较薄，还稍稍少了些许磁性；媚，但又离成熟女人那种性感质地的声音还有一段不短的距离。

28.“打点小麻将，吃点麻辣烫，喝点根兜酒，看点歪录相。”

——成都人常常陶醉于一种小康而闲适的生活，看看上面这位小店主，把麻将桌摆到了街上，一边看店一边娱乐。边砌方城边向牌友传授养生之道，一副怡然自得的样子。

迷恋尘世生活的人，在成都你可以慢慢享受。这里有美女、美食和美酒，这块富庶的盆地是对悠闲生活的纵容。纵有五花马，千金裘，何不呼儿将出换美酒。生活不是结果而是过程，所有的人生，结果都是一样；无非有的走得快些，有的慢些，所以，成都从来不着急。

29.“别他们瘦嘛，棒棒们挑个两百斤不成问题的撒。”

——在长途汽车站，一个车站工作人员跟旅客建议，这位旅客行李非常多，让棒棒们来帮忙搬又不放心，所以工作人员这么说。

成都人所谓的棒棒，其实就是操着绳子和木棒干苦力的农民工，在车站或景点帮人搬运货物。他们在外人的眼里，总是脚穿解放鞋，两根裤管扎得一高一矮，上衣皱巴巴、脏兮兮，肩上扛着的扁担挂着一卷绳子，但他们脸上永远是一副和善的笑容。这群淳朴善良的人，是这个城市不可缺少的。

30.“老总，把合同和公章带到嘛，去柳浪湾晒太阳撒，顺便把合同签了。”

——很多外地人不了解，为什么成都人会把晒太阳当成一种仪式——只要天放晴，太阳懒洋洋地升起来，就会听到成都人呼朋唤友。听听，说得多让人愤怒：晒太阳是主业，“顺便”把合同签了！

在成都，如果你有亿万家财，可以袒胸露腹，在锦江边舒服地晒太阳；如果你是月薪几百块的蓝领，也可以坦然自如地在锦江边花两块钱买杯茶，尽心地晒太阳。虽然一个有墨镜、防晒霜，而另一个只能吃碗铺盖面果腹，但他们晒太阳的心情和实质是一样的。钱多钱少有什么关系，只要能晒太阳。

第五节　偷听南京

金陵王气亡于市井

南京现在活脱脱是个“破落户”，夫子庙、明孝陵、中山陵……这些古意盎然的名字都是她过去辉煌的证明，朱雀桥、乌衣巷、秦淮河这些仍旧在诗词里活着的地名渗透了她的沧桑，然而她的衰败几乎是无可阻挡的。现在南京与暴发户似的大上海相比，简直成了蛮荒野郊，曾经的东南政治、经济、文化中心显然早已不复存在。

想当年南京是如何的阔绰，不用说什么龙盘虎踞的十朝故都，就说这挨着近一些的大清三百年，单是几部流芳百世的伟大作品基本都是与南京息息相关，孔尚任的《桃花扇》、吴敬梓的《儒林外史》，还有曹雪芹的《红楼梦》，都不约而同地记录了南京的繁华。没有什么地方比南京更适合作为作家的摇篮，难怪有人要问南京除了作家还有什么？

南京虽有这么多文人雅士，然而最广为人知却是那些曾在秦淮河畔巧笑倩兮的女子。桃花扇底送南朝，一个朝代就如一阵风一般在一首诗中过去，留下那些不知亡国恨的金粉女子，隔江犹唱《后庭花》。南京最适合怀古凭吊，王事帝业的颓败、宫阙陵寝的毁弃、“四百八十寺”的兴替、秦淮烟水的流转……这一切都在脚下这片土地上演过，人事代谢犹如雪泥鸿爪，一国亡来一国亡，六朝兴废太匆忙，雕栏玉砌今犹在，只是朱颜改。

王朝的更迭总少不了战争，战争的蹂躏给南京带来了过多的伤痛，使得南京元气大伤的莫过于日本人惨绝人寰的大屠杀。等抗战胜利还都南京以后，忙于内战的国民党还没精力灾后重设，就仓皇辞庙逃往小岛台湾，一蹶不振的南京从此每况愈下。

“山围故国周遭在，潮打空城寂寞回。淮水东边旧时月，夜深还过女墙来。”“伤感”两字成为南京历史文化的定格。自南京从十朝古都变为边缘城市，伤感就成为这个城市的气质。在过去的多少年里，南京勉强地维持着东南重镇的地位，对于这座古城来说应该是一个最恰当的位置。但随着时间的推移，却连东南重镇的地位也不保了。南京已不再是称职的都城，就全国而言不是，甚至在江苏也不是。

从经济版图来看，由上海往西走，苏州横亘在前，俨然成为长三角都市圈的次中心。从官方数据和民间反映，苏州的经济地位显然超越南京。争长江地位有上海，争省内地位有苏州，争文化地位有西安……南京犹如一个满腹经纶却又屡试不第的书生。

王睿楼船下益州，金陵王气黯然收。几千年来，南京城也如同帝国的国运，潮汐起伏，周而复始。而南京人已经习惯了天下大势的分分合合，很少有人担心过这个城市的衰败兴荣。如今南京人在忙碌一天之后，端上茶水在马路边聊聊《扬子晚报》上的花边新闻，或者围绕着电视笑谈古今多少伤感事。很多南京人身上已很难看到历史的影子，他们会为商场打折挤破脑袋，会为公交车IC卡改革去开几次听证会……但你若说南京很伤感，他们肯定会白眼相加。

从金陵王气到乌衣门第，再到寻常巷陌，南京城载着满城的烟雨纷飞，经历了帝王文化到精英文化，再到市井文化地风水流转，成就今天这个平和自足宠辱不惊的性格。

不南不北南京人

苏南人习惯上把南京看成是江北人，尽管在地图上南京明明位于长江南岸。而大多数外地人从人文角度考察，也认为南京跟江南无甚关系。从全国这盘棋上，南京尴尴尬尬地挤在中间，一会南方一会北方。

其实早在二千多年以前，南京就不是什么地道的江南城市了。西晋末年，因为北方战乱，这个城市挤满了来自北方的难民。不过北方人迅速反客为主，在南京这个舞台上唱起主角。北方的生活习惯，流行的语言方式，很快在南京人身上显现起来，所以南京的语音民俗中有着大量北方的因子。历史上的王谢子弟，考其先人无疑都是中原人士，否则也不会有“新亭对泣”的典故。

南京这方老城里曾上演过无数王朝兴废，所以这样的历史不断重复，客观上使得南京的人口成分呈现多元化趋向。哪朝哪代都会有大量的人口流入南京，流动的人口是形成这座城市最醒目的特征。朱元璋定都南京以后，曾下令将城内部分元朝遗民举家迁往云南。旧的不去新的不来，于是南京成了外地人的天堂。和国内所有的大城市一样，南京骨子里是一个移民城市，南京的外地人很少感觉到被歧视和排斥。

南京人不会因为自己是南京人，就像上海人或北京人那样感到高人半截儿，南京人确实也没什么可以感觉良好的。对于地道的南京人来说，自己是不是南京人都不重要，更不用说别人是不是南京人了。生活在这个城市里的人，很少去思索自己究竟是不是南京人，当很多人被问到自己是不是南京人时，首先想到的却是自己的祖籍。

从历史上看就这样，苏南人定居南京，很多人只是为了做生意；苏北人定居南京，要么干服务苦力的，要么实实在在地捞个一官半职的。南京人在从政上敌不过苏北人，经济上玩不过苏南人，被人叫了大萝卜后，还嘿嘿一笑。南京此地的行政长官，很少由地道的南京人来担任。省一级、市一级的领导都是这样。在当地电视上听领导讲话，很少听到正宗南京口音，不是因为南京话太难听，而是因为能讲话的很少是南京人。

南京人有时候也想天真地做一做抖抖自己威风的事，譬如针对“京派”、“海派”，提出一个“宁派”的概念来，但这种说法更多的是像自说自话，不仅别的地方人不会这么认同，就是南京人自己也不会认同。南京人散漫惯了，结不了帮也成不了派，思想更统一不了。典型的南京人都是悠闲懒散的，很多事都随它去。总是带着一种随意性，在做什么事以前，并没有太多地去想，这事应该还是不应该做。

南京大萝卜

由于南京地处苏皖两省交界，江淮方言对南京话影响远比吴越方言大，所以在语言学分类中，南京话属于北方方言系统中的江淮次方言。外地人都说南京话发音比较“蛮”，而且话语间时不时地冒出些粗俗之词。不过蛮的确是蛮了一点，但南京话直白的让人一听了然。

南京人自己很少能正确发出“南京”这个音，其方言“N”和“L”不分，且无后鼻音，于是读起来便相当于“兰津”。其音调轻飘而高亢，透出一种满不在乎，不仅没有北方音的抑扬顿挫，也没有南方音的低回婉转。南京人有句口头禅叫“搞得不得了喽！”这种满不在乎的口气正是南京人的一部分，反映在城市性格上既是粗疏浮躁，也是洒脱大气。

老南京话叫“白话”或“官话”，而现在南京人所说已不再是地道的南京话。讲老南京话的市民大都聚集在秦淮区城南及城西一带，那一带居民大多被称为“老城南”。那里黑瓦白墙的破旧平房，狭窄的长巷与秦淮河蜿蜒。作为一个被移民文化日渐影响的城市，老城南保留着南京人身上乐天达观的一面，拿他们话说“多大事儿啊”？千年悲欢百年聚散，什么都看过了，经历过了，只要天不塌下来，日子便照常过。

南京是一座没有太大压力的城市。正是因为没有压力，也就造成了南京人没有太强的竞争意识，就是有也往往比别人要慢半拍。南京人对于“大萝卜”的称谓不但不反感，反而乐于接受：大萝卜实在嘛！这透露出南京人天生的从容，不知道什么叫着急，也不知道什么叫要紧。南京人就这样，即使明天天要塌下来，也仍然可以不紧不慢，仍然可以在大街上聊天、在床上睡觉、在电视机前看电视、在饭馆吃小龙虾。

这个曾经亡掉了多少朝代的是非之地，很少再给人醉生梦死的感觉。行走在遍布鸭血粉丝、旺鸡蛋的街头小巷，随处可见挂满一溜盐水鸭的小店，却少了那些有了今日没明日的一醉方休感觉。漫步在热闹非凡的夫子庙、烟雾燎绕的鸡鸣寺、高楼林立的新街口，感觉这个城市少了大起大落的沉浮跌宕。

穿行在这个城市整齐的梧桐树林中，仰面看到是那些掌形叶的纷纷摇晃，身边是上下班时匆匆从街上走过的男男女女，耳朵边不经意间听到了那亲切的南京话，是那些正在拉家常的大爷，是那些站在路口吃羊肉串的姑娘……南京话那种蛮味道，让多少外地人听过后都念念不忘，有时还忍不住学几句，回家后作为谈资。

城市发声

1.“阿姨，来碗浊（粥），‘爬’一点的，快得儿，阿行呀？”

——在早点摊上，一个小伙子谂熟地朝店主喊道。这个“爬”一点的其实就是“白”一点的，南京人经常“b”和“p”不分，比如“豆瓣”会读成“豆盼”。这里“阿”是南京话中“还”字的变音，类似的还有“阿好啦？”当你征求别人同意时，可以说：“阿行啊？”

2.“阿能不要讲了，我们大锅（哥）看二锅（哥），大家差不多！”

——在单位里，同事们在谈论最近的奖金收入情况，小张感叹道。这是一句典型的南京话，是一剂平衡心态的最好安慰药。也许工薪阶层的最大好处就是，从工资单上来看，你和别人差不多，你不比别人好，别人也不比你差。比上不足，比下有余，心满意足，万事省心。

南京人不好斗，为人厚道，要比较钱的多少，也只是和身边的人比。南京人的心态最适合成为工薪阶层，工薪可以使人和人之间激烈的竞争淡化。虽然同样是拿工资，各行各业有着千变万化，但是在每一个拿薪水的人周围，都聚集着一大批收入差不多的人群存在。

3.“黑漆麻乌地，又下大雨，鸟天一天下到晚，真是上日报了。我得摸水去上班了。”

——站在家门口，一个上班族看着天抱怨道。南京人形容什么东西出格，一般会说“上日报”，也许在传媒稀缺年代，只有惊天动地的事才能上报吧。

不过，南京的雨季足以“上日报”，每年的梅雨季节从5月早早开始，通常能持续两个月，长得能让人心情发霉。雨没日没夜地滴落，时而淅淅沥沥的，时而滂沱肆意。街上灌满了雨腥味，家家阳台上大多拥挤着湿的衣服，室内都散着淡淡的霉味。道旁梧桐叶子被雨水洗得很干净，凉飕飕的绿。雨水泛滥的街道积水颇深，让很多上班族苦不堪言。

4. “你还晓的啊，卖菜的都看报，搞得跟领导样的。”

——早上刚到单位，传达室就送来一大叠花花绿绿的报纸，一位老同志不由得对同事感叹道。是呀，在南京除了《扬子晚报》、《服务导报》、《金陵晚报》、《南京晨报》之外，还有《江苏商报》、《现代快报》、《江南时报》等，共有十多家晚报、都市报角逐报业市场。

无论报业发展规模还是竞争程度，南京都堪称报业重镇。尤其是曾上演的让业内外议论纷纷的激烈价格战，几家新登场报纸为打破原有的报业格局，纷纷降低报价，出现了好几家一毛钱的报纸、二毛钱的报纸，甚至是不要钱的报纸。面对这种硝烟弥漫的报纸大战，估计受惠最多的还是南京老百姓。五毛钱可以买一沓报纸，卖废纸都不止这几个钱。

5. “那个广播整天就是卖医院卖药，瘪怪啦。不是臭他的，他哪会看病啊，摆噱头赚我们钱哎。”

——“秦淮医院上三楼，有病你找刘教授。”电台里主持人从深情款款的声音戛然而止，变成正儿八经的寻医问药的广告。小区的大门口，几个大爷听到广播广告后不满地说道。

南京的广播电台在全国办得算名列前茅，江苏文艺台、南京音乐台等等在大学生、司机等人群中拥有广泛的听众。唯一让听众不满的就是医疗广告太多。也有很多南京人相信，得了啥病什么喜欢找电台。南京人喜欢上海服装，喜欢日本电器，喜欢广告上吹得最凶的东西。南京人最不怕上当，更不怕接二连三地上当。

6.“报纸吹的没的数了，广告多的一踏，乌儿呆鬼的哈说八道，不能跟它急了。”

——在公交车上，一位手捧报纸的小伙子向同伴发牢骚说。南京的一些报纸，除了头版以最简要的文字报道一下国家大事之外，其他版面最喜欢登的都是一些东家长西家短的流言飞语，供市民做茶余饭后谈资，如姐夫喝醉了酒钻小姨子的床，一个官员嫖娼如何被当场捉住……

但最多的估计是广告，各种各样铺天盖地的减肥、健美、隆胸广告，什么减肥茶、美容胶囊、美体内衣……吃的、用的、理疗化疗的，神奇神效的。毫不夸张的很多报纸一半版面都是广告，让你一打开就在眼前可着劲地闹腾，在耳边憋足力气地鼓噪。

7．“呕死我啊！没的事就挖沟，一刻煤气管，一刻电缆，成了大工地了。”

——一位大嫂走在路上抱怨道，路旁是尘土飞扬的挖掘机和轰鸣的混凝土搅拌机。

南京马路两边窄，中间快车道死命的宽，两边慢车道窄。这些道路隔三差五地修建，每年不断地修修补补。

8．“今个才盖，明个马及就拆。早干吗的，拿老百姓的钱咋味啊？拆昏头了，古迹也敢拆，老祖宗的家当都败光了，还叫古城啊，少一窍。”

——秦淮区城南的老街坊们，聚在河边一起聊着这个城市的古今兴亡事，聊着聊着就说道现在的城市建设，发起牢骚来了。

南京房子拆得快，行走在这座老城各个地方，时常看到墙上写着白色、硕大的“拆”字。拆迁的铁锤、推土机正在无情地将这座古城的个性磨灭，这几年很多老建筑都逐渐消失在人视野里了。拆迁是城市化进程的必由之路，但由于很多执法部门的粗暴行径，老百姓也被弄得怨声载道。

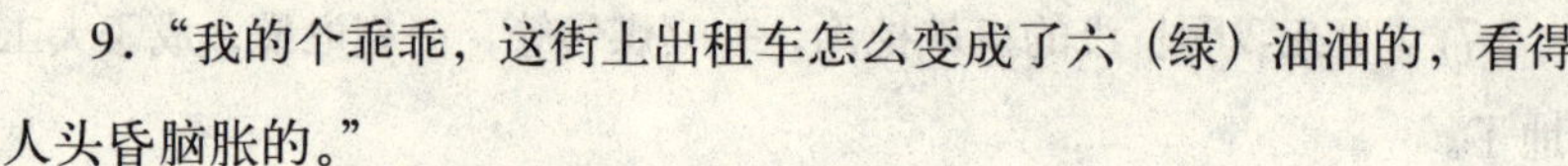

9.“我的个乖乖，这街上出租车怎么变成了六（绿）油油的，看得人头昏脑胀的。”

——一个老太太一上街，看见满大街的都变成了菜绿色，夸张地嚷嚷道。“我的个乖乖”是招牌的南京话，时常表现出非常惊讶。

南京市政府为出租车改头换面，很民主地征求市民意见。一个月后所有的出租车都变成了绿色，浓油重彩得过了头，看得人眼晕窒息。刚开始的那几天，上了街都不敢睁眼睛，想不明白南京老百姓的眼光怎么能如此下里巴人，挑了这么个不留余地的颜色，想改都难。

10.“二壶瞎搞，把能干的都气奔的了。你来丝的一踏也叫你歇，说你犯嫌。乖乖，不干活，二报才好？”

——两个老同学周末在玄武湖公园偶遇，一起聊单位的现状。一位不满地对自己单位领导批评道。

这里“二壶”是标准的南京话，南京人看了你干了件傻事，说你傻子你肯定气，他就说你是“二壶”，“二壶”貌似还有迂拙之意。这里“来丝的一踏”是“厉害”的意思。“二报”是“告密”的意思，一报报过了，二报还无聊啊？

11.“下岗没的办法。逮什么都卖，哪块都卖，把城管急的跳脚。怎么办哪，穷人要吃饭耶。”

——新街口大洋百货对面的麦当劳门口，一个小摊贩晚上9点以后，准时出夜市摊，有顾客问她为啥摆摊，她无奈地回答。

南京夜市小摊满街摆，像夫子庙啊、三牌楼啊、迈皋桥啊都是些不错的夜市。夜市上卖的小物品无所不包，比如一些低成本的化妆品、生活用品还有小件装饰品。每天晚上生意都蛮好，好多美眉都是白天在莱迪地下广场看到好看的东东，晚上来这里淘宝。

12．“我是阿庆嫂的风度，祥林嫂的口才。”

“你蛮神得嘛，拽得二万似的，吹牛不打草稿，当真哄死人不偿命呀！”

——在办公室，小王总喜欢把一件事翻来倒去的，反复说上好几遍，一屋子的同事都烦他，说他婆婆妈妈的，小王却自我感觉良好，炫耀似的作了这样的回答。

这时坐在一旁的一直没说话的老张终于开口了：“你蛮神得吗，拽得二万似的，吹牛不打草稿，当真哄死人不偿命呀！”对爱吹牛的人，南京人经常会这么说，笑话人吹牛也不看看地方。这似嘲似劝的话，准会把有点良知的人羞个大红脸。

13．“你是月头放卫星，月中吃半斤，月底鬼转经。”

——走在新街口百货门口，男友手提着大袋小袋，不满地向一旁的女友抱怨道。工薪族多半在每月上旬发工资。现在通货膨胀，物价上涨。外面的世界又充满诱惑，一不留神把工资花光了，下面的日子怎么打发？这种窘况怎么来形容呢？“鬼转经”是到处借钱的意思。

不过，都说南京人钱好骗，什么生意在南京都可以如鱼得水，无论是洋味还是土特产，不管正宗不正宗，不管做得像不像，只要是新鲜，只要是有胆子竖起一块招牌来，就能骗南京人的钱。外地的歌星影星都喜欢到南京来搞首演，南方的歌手和北方的歌手，好的和不好的，都能在南京获得预想不到的成功。

14.“怪道呢！马自达跑得来丝！”

——一个朋友风尘仆仆地准时赶来聚会，旁边人不解咋这么及时，他说是坐“马自达”来的，于是大家感叹道：“怪道呢！马自达跑得来丝！”

“怪道”意为难怪呢，“马自达”其实就是三轮摩托，很多地方是给残疾人用。在南京改装后用来拉客，还起了个这么个时尚的名字。南京人都说“马自达”蛮好的，又便宜又方便，大街小巷哪儿都能去，跑得还快。但交警可不让他们上街，这个“马自达”就成了南京人的地下交通工具。

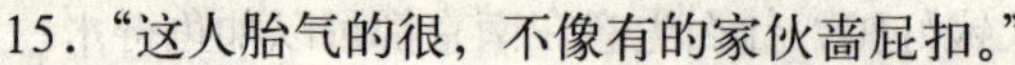

15.“这人胎气的很，不像有的家伙啬屁扣。”

——在一个饭馆，一帮人酒足饭饱后指点江山，品评朋友。说道某位兄弟时，大伙一致啧啧称赞道。这里“胎气”是用来形容人“做事大方”的一个特殊说法，很多人不明白为什么一个医学名词到了南京人嘴里变成了“做事大方”的意思。这“胎气”来源于一个歇后语：大肚子放屁——胎气！

南京很多大款的确比较“胎气”的，既不会摆谱也不会敷衍。比如请人到娱乐场所里去消费，跳舞也好，卡拉OK也罢，总是看的时间居多。他们一般坐在不显眼的角落里，冷不丁地跑出来，讪讪地问大家玩得怎么样。远没有别地儿的大款盛气凌人，也没有别地儿大款的精明滑头，

16.“我们那块卖东西降价海里糊天的，原价一百，他卖二十。哄你玩的。你买就亏大了，原价才十五。”

——两个老哥们早晨在玄武湖公园晨练，一碰到就聊起了。聊着聊着，就侃到附近的购物环境了，一位不满的这么说。估计这个购物场所肯定是小商品市场，这地方就那样，能黑就黑上。

17.“无痛人流，不是只要三分钟嘛？！”

——一个十六七岁的女孩到医院去做手术，满不在乎地对医生说的话。在南京医疗广告四处泛滥“难言之隐无痛人流随时看了随时走”，这句话南京人几乎是耳熟能详，大家都知道。

这些广告把对身心都有极大伤害的人流轻描淡写，宛如感冒伤风一样的小事一桩。而与此相反的，我们的性教育却一直遮遮掩掩。

18.“无处不裸，孩子你要坚强些！”

——这是街头《现代快报》一篇新闻标题。最近，南京某小学的学生放学后在校门前等车时，都不好意思抬头往公交站的东北面看，因为

那里近来竖了一个巨幅裸女广告。

这几年，类似的广告创意也层出不穷。杂志翻两下就可能看到一个漂亮的裸体美女。街头走走就可能遇到有卖浴缸或热水器的，正在请美女脱光衣服，当街洗澡呢。商家的想象力贫乏，只好拜托孩子们大度些、宽容些、体谅些、坚强些了！

19.“医生，你现在降了我的血压，可你能把我的礼债降下来吗？”

——说这话的是一位孙老太太。孙老太太这天来到医院，说自己的血压低，要求医生给开点升压药，医生一检查，好家伙，血压都210了，赶紧给老太太降了压。医生挺纳闷，血压都这么高了，怎么还让给开升压药呢？

原来，老太太退休费800块，眼看着中秋国庆就要到了，少不了走亲戚的礼钱，可不是个小数，干脆，自己找病吧，病了就不用给礼钱了。于是降压药也停了，饮食也不控制了，血压是蹭蹭地往上涨啊。医生救了孙老太太一命，可老太太是一脸的愁容，礼债猛于虎啊！

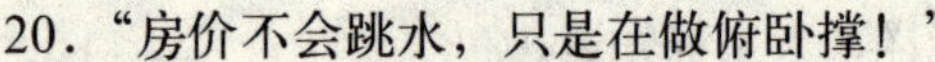

20.“房价不会跳水，只是在做俯卧撑！”

——在中央路一处巨幅房产海报上，这幅巨大的红色海报被挂在中央路人行道边，上面除了楼盘名称、热线电话、接待地址以及LOGO图案外，只有这几个白色的大字。“俯卧撑”一词起源于贵州翁安事件，成为网络上的流行语。在网络上“俯卧撑”是指对某事不便或不愿发表意见。

这幅海报刚挂出来就吸引了众多路人的眼球，也反映出房价处在巅峰的边缘，房子卖不出，资金链紧张，但地产商还得给自己打气，于是告诉老百姓……而南京市江宁区房产局局长周久耕成为“奢侈官员”的代表，因为他在楼市低迷之时曝出，“开发商低成本销售将被处罚”。

21.“多大事啊！你真是二五郎当的。”

——儿子中考考试没考好，不吃不喝的在家寻死觅活，这可急坏了一大家子，家人骂这孩子最多的就是这句。

南京人的口头禅：“多大事啊！”尾音上翘，用一贯圆转的调子说出来，尤其轻松。“二五”则是南京话中出现频率最高的两个字。不过你们千万不要随便乱用，“二五”是用来骂别人神经病、不正常的。“二五”是有典故的，说是两个人在皇帝面前邀功献媚，要求赏五百贯。皇上一时气恼，赏了他们一人二百五十贯，意为半吊子。在南京“二百五”简化成“二五”，没想到后来竟演变成了贬义词。

22.“你这人话怎么这么多，像韶老头韶老太似的。”

——放学路上，一位女同学唧唧喳喳地说个没完，她的同伴不满地朝同伴抱怨道。

说到“韶”这个字，可让许多外地人云里雾里，其实“韶”也是南京话中的主打方言代表词汇，它指的是话很多。比如当某人呱叽呱叽，口若悬河地侃侃而谈，你就可以冷不丁地来这么一句。

23.“你真是木里是故的，不晓的请爹不请妈，请妈一家拉？”

——小夫妻要请客，丈夫要请某个人，抹不开面子，明明只想请朋友一人，电话里还打肿脸充胖子，说：“叫夫人一块来，一定啊。”妻子在旁边抱怨他，并说出十足的理由。

平常过日子总少不了一些酒肉朋友，有来无往非礼也，少不得请客吃饭的事。可一些平头百姓，囊中总有些羞涩，于是精打细算，总结出一套生活哲学了。

24．“报纸上讲了‘昨日全城日啖龙虾百余吨’，我们七（吃）龙虾照不照？”

——几个朋友商量着去哪里聚餐，这时有一个提议道了，并说出了十足的理由。“照不照”其实就是“行不行”的意思。

过去南京被称为“鸭都”，一日里轻松消耗几十万只，让擅吃烤鸭的首都人也自叹不如。这些年突然风靡小龙虾，说不上是跟风还是贪食，每年夏天各大饭店还搞起龙虾节日，据说郊区几个县龙虾都快绝种了，以龙虾这种繁殖能力和生存能力超强的物种都被南京人消灭，可见南京人的嘴巴厉害。南京人经常会有莫名的趋同情愫，无论好东西坏东西，都能勾起他们那股执著劲儿。

25．“刮刮叫！真二八经的，你家面条做的蛮上路子的。”

——在新街口南边一家闻名的皮肚面店，老板问一个顾客：“我家的面口胃怎样，好吃以后多来照顾我生意。”顾客满意地回答道。其实这家店最没花头，一碗面十块钱，除了碗大分量足，别无其他诱人之处。

大夏天里没有空调，只有几个不会摇头的破风扇。厨房里苍蝇乱飞，伙计经常在不要辣的碗里放辣油，把要香菜的猛放香菇。但是南京人不知道嫌弃，动不动就花十块钱忆苦思甜一把，挤在人堆里满头的汗，左手是自带的餐巾右手是自带的水，专情得让人不知其所然。

26．“你怎么这么瘱怪巴啦地，搞的跟火鸡样的，喝人巴啦的。”

———一位时尚的小姑娘刚做了新发型，把头发染成红色的，兴致勃勃地刚进家门，奶奶就这么叫起来。

“瘱怪”一词也是南京人常挂在嘴边的，比如一件东西比较恶心，是用“瘱怪”来表达的。总之无论对人对事，“瘱怪”都有对评价的对象有厌恶的成分。这里的“喝人巴啦的”是形容非常吓人。这句话一说，保准小姑娘再也高兴不起来。

27.“鲤鱼拐子（小鲤鱼）、鲫鱼壳子（小鲫鱼）、黑鱼卵子（黑鱼），都是活鲜鲜，阿想要啊？你不买一哈子么得了。”

——菜市场里卖菜的招呼着顾客。这里一连串对常见河鱼称呼，如果是外地人真是摸不着头脑。“一哈子么得了”是“一下就没了”的意思。

俗话说十里不同音，不过南京话和安徽马鞍山，以及滁州这几个地区的口音却很接近。南京话是地道的江淮土语，这里对鱼的称呼，在附近一些安徽话里也能找到“知音”。

28.“活丑东西！灌了黄汤还不去挺尸去！”

——只见一个男人喝酒喝高了，走路歪歪斜斜的，旁边的妻子一边小心地扶着他，一边恨恨地把他骂得狗血喷头。

南京人把出洋相说成“活丑”。“灌了黄汤”即喝酒，“黄汤”指一种黄色的，盛产于浙江绍兴的花雕酒。南京人喜爱喝，20世纪70年代，南京街头烟酒杂货店均有零打。“挺尸”是一句咒人死的话，在这里指睡觉。

29.“‘至尊南京，厅局级的享受。’哥哥哎，把哄来。”

——在去往机场的高速公路上，的哥瞟到道旁的一个广告牌，看上面这醒目的大字：“至尊南京，厅局级的享受。”于是他大为感叹道。要知道这种香烟可是南京卷烟厂生产的顶级品牌，一包就得一张百元大钞。不过，在南京科长级的抽这烟都很普遍，厅局级肯定不只这消费。所以，的哥才觉得这广告是哄人的，要不然很多官员不是越级享受了！

这里还要提起那位网络红人——周久耕，他在网友人肉搜索下，爆出抽“天价烟”、戴名表、开凯迪拉克。其 “香烟门”事件中主角就是这个南京卷烟厂生产的“九五之尊”，这种香烟被认为是钱权交易的附属品。据消息灵通人士透露，这种香烟或将不许再卖了，在某种程度上也有防腐败的意图。

南京方言名段《挤公交》

公交站台，人山人海。

有人看报纸，有人啃烧卖。

上班的上学的站一排，躲在后面么么谈恋爱。

油条赶快塞，豆腐脑赶快怀。

车子来了赶不上算你活该!

小孩你真呆，过日子不实在，这车子没开空调哎还要投两块。

不如坐地铁去老，轮子多的跑的快。

坐地铁要上楼下楼朋友我缺钙。

你看13路司机开的超过公路赛。

哎油碰到堵车还不如小林海。

车上广播很大声，磊磊娜娜齐上阵。

老吴韶新闻，小陆很清纯，南京话的主持人东升老脸最恩正。

马桶里面撑杆跳，朋友你过分。

挤公交，刷月票，挤不上的要迟到。

包看好，钱抓牢，角子掉了满地找。

我挤了二年半你猜他讲句什么话?

刷卡太快请重刷，刷卡太快请重刷!

上一步，往里走，带快得表堵门口。

动动哎动动哎，你叫我动就动拉。

我前面的站如松，后面的坐如钟。

我不是孙悟空，我不会武功。

车开了扶好，表乱窜，表乱站，小心刘翔跨栏失误。

干么四？卡蛋！

我跟你讲喔，这还真不算惨，我昨天看到个人被门夹成熊猫盼盼。

你看这公交车上事情真奇怪。

好不容易有个位子还是老头让老太。

旁边坐的小年轻，盯到电视在发呆。

中学生，抱到啃，他就不嫌癔怪。

凹造型，我教你，出门实达小盘膝。

皮要厚，心要细，死缠烂打送惊喜。

在家吃，少出去，么的事表吃肯德基。

边上网，边看戏，头盔男大骂雅阁女。

你看我的眼睛啊美啊，你看那是谁啊？

女老师一拍大腿，啊呀活见鬼啊！

“怎么又是你们啊”老师来坐哎，我们俩一起坐哎！

“你们寡讲我老，流氓”。

挤公交，刷月票，挤不上的要迟到。

包看好，钱抓牢，角子掉了满地找。

我挤了二年半你猜他讲句什么话？

刷卡太快请重刷，刷卡太快请重刷！

我今天也发现公交车上甩人真不少。

老太寡刷学生票，色狼跟到摆盘跑。

小偷眼睛光看包，抬头寡是小广告。

“什么广告啊”“哎呀朋友你表得啊”！

现在车上的小偷是正儿八经多啊！

你看那个小杆子手直往人家口袋里头摸啊！

要是口袋里头有个龙虾他表太快活啊！

朋友你真梗直，你是南京大萝卜啊！

师傅请你手不要乱摸，我今天皮夹子么的带出来。

我刚从白子亭买的小螃蟹，你再摸你再摸我告你非礼老太。

哎呀你看那小偷被发现了还在掏，我们去逮他去啊！

逮逮逮，逮个毛！

第六节　偷听西安

西安埋的是皇上

苍凉的黄土地，激昂高亢的秦腔，欢快的秧歌，豪迈的腰鼓，陕北的汉子，多情的女子，还有《黄土地》、《信天游》，无不透出一股浑厚与粗犷。这些也许是外地人对陕西的印象，而提起陕西省会西安，则会浮现出一个黄尘满天、破落古城的另一番印象。

西安地理上位于国之中央。原本中国顾名思义中央之国，而这个中央之国十三个王朝建都西安，那么西安真可谓中央的中央。西安北郊的泾阳又是中国大地的坐标原点。这种时空地域的中心感，让西安貌似居天下中而辐射整个世界。

“南方的才子北方的将，西安埋的是皇上。”一说到黄土屹嶅下的72个皇上，西安人气更粗了，腰更挺了。看着这些历史的痕迹，踏着历史车轮所轧过的土地，面对着历经几千年沧桑的砖砖瓦瓦，怎能不让你联想起西安古时的辉煌？

自古以来，西安就是一个物华天宝、人杰地灵的宝地，凤鸣岐山造就了文王、武王明君盛世，开创了周朝几百年的辉煌历史。而后商鞅变法，秦扫六国，始皇帝建都咸阳统一中国，使封建集权制度在华夏土地上正式确立。

到西汉时，这座城成了四夷臣服的经济文化中心！如西蜀司马相如者、广川董仲舒者都是心向往之。当然，要说古时的西安，自然以隋唐时最为繁盛。如今西安还留有数不清的盛唐遗迹，大明宫遗址、慈恩寺、华清宫……

在西安，随便拣起一片瓦都有文物嫌疑，说起文物当然少不了历经风雨的古城墙，这座建于明朝的城墙是世界上最完整的古代城垣，就如历史老人烙在黄土地上的一枚印，也深深地烙在西安人的心坎上，罩住了他们向外展望的眼光，也笼住了创新的心智，让这里显得有些古板守旧。

城墙内的西安城像一块大豆腐，街道都是宽阔笔直的，密密麻麻地贯穿着整个城市，十分整齐地把城市分成了一个个小豆腐块。如今，在城墙角下还居住着许许多多舍不得离开的居民，他们的房屋多是用砖简单地搭起来的，早已破旧不堪，房顶漏了补一补，墙壁破了修一修，可他们就是不愿意离开这里。也许是出于对城墙浓厚的感情，也许是因为西安人固执的性格。

西安城南倚终南山，东望骊山，四周泾渭等八水萦绕。城内钟楼的东北角在清代时也是座城，叫满城，开了两个门，南门称西华门，东门叫端履门，里面修了相互交错十二条路，不知哪位智者以尚德、尚爱、尚勤、尚俭来称这些路，将传统文化平铺在了城市的路面上。

从钟楼到西门，一溜儿的仿古建筑，格致精美，富丽堂皇。再加上新修的三大音乐喷泉广场，为市民提供了高雅的休闲场所。名声在外的东大街、南大街，是以传统的购物建制为模式。而西大街的大型商场，一家紧挨一家。

这个四四方方城墙围堵的城市里，少见大都市花枝招展的颜色，更多的是古色古香的厚重的感觉，如同素面朝天的老陕。皇城的厚重、帝都的久远以及文脉的深沉，都让人感觉到西安这个历史文化名城赋予中国人最神圣的根源之耀。

历史的弃儿

“我们先前……”这是阿Q和未庄人的口头禅，没想到却让千里之外的西安人反复念叨。西安是历史的弃儿，多少王朝的建都史，近千年的废城史，留下的是数不清的垛垛坟墓和遗址。西安人喜欢在历史的镜子中，反复端详自己，发掘逝去的风韵，美人迟暮却顾影自怜。所以有人说，北京人霸气，上海人洋气，西安人却是暮气。

一统天下的神威始皇帝和四海来朝的大唐文化，使得西安人骨子有股优越基因。这种优越感区别于北京人上海人那种，带着大西北独有的强悍气息。在西安，不管他是在街头用三轮车拉货的小贩，还是腰缠万贯的富商，说话的口气总是很大，从来不会轻易认输。

西安人说陕西爱用“三秦”，夸耀自个地盘是“八百里秦川”，说唐代是“大唐”，脚下这块风水宝地当然是“西北重镇”。在他们眼里，河南人是“担族”，山西人是“九毛九”，山东人是“棒子”，上海人是“鸭子”……自诩为“大唐帝国传人”的西安人爱以老大自尊，说羊肉泡馍是“天下第一碗”，说父辈是“大人”，骂外地人是“碎子”。

正是西安人的这种心态，封闭内视成了他们一种不自觉的习惯，造就了他们独特的为人处世方式。都说北京人什么都敢说，上海人什么都敢穿，广州人什么都敢吃，西安人什么都不在乎，因为他们有王朝子民的优越感。他们总是坚持自己的想法，你若是不服从，他们就会大发脾气，甚至在亲戚朋友面前也是一样。

西安人是醒得早，起得晚，好静不好动，认为好出门不如赖在家，金窝银窝不如自己草窝。西安人喜欢在一种静态生存中讨生活，挣起赔不起，怕风险求保险，这些与现代大都市日趋激烈的竞争氛围格格不入的文化心态仍然根深蒂固。所以西安人是很少出去创业的，而西安姑娘也是不轻易外嫁的。不过近几年，西安人的观念也有了些变化，一些人主动到外地创业和谋生了。

西安人对物质生活很讲究。说到西安小吃那可是无人不晓，闻其名就会让你垂涎三尺，羊肉泡馍、灌汤包子、蜂蜜粽子、腊汁肉夹馍、甑糕……简直是数不胜数。西安人对吃还要讲究真宗，要去老孙家吃羊肉泡馍，在贾三、小六店中吃汤包，来樊记，王恒店中吃肉夹馍，往西安饭庄吃陕菜……

四川人不怕辣，湖南人辣不怕，陕西人怕不辣。一个共同的辣，使川湘也成为三秦大地的主流菜系。在西安，谈生意去川渝人家、七十二行这样的酒楼。讲感情就去谭鱼头、光头村这样的麻辣火锅城。辣到深处，情到浓时，能不火起来吗？是辣椒推动了古城餐饮的发展。辣椒使古城的男人更豪放，女人更妩媚。

西安人热情爽朗，总是带着善意的心，这里有一肚子故事的老爷子、喜欢眯眼晒太阳的老嫂子、风风火火大嗓门的汉子、直来直去乐于助人的大嫂、身姿美丽的女娃、憨直朴实的小伙……

雅言和“愣娃”

说起西安话，总会让人想起让老陕们引以为豪的张艺谋，他的电影时常出现些质朴的西安话，让人过耳不忘。《秋菊打官司》中那个认死理的农妇秋菊，动辄把“饿讨个说法”挂在嘴边；《有话好好说》中那声“安红，饿想你想的想睡觉”的高喊，不知逗乐了多少人。

后来大伙发现西安话太有娱乐精神了，所以《武林外传》这部红极一时的喜剧里，出现了个操着一口西安话，动不动就“饿的神呀”的佟掌柜……西安话似乎和这些憨厚老实的“愣娃”紧紧联系在一起，而破落和土气也几乎成了外地人对西安话的印象。

西安人说话很有特色，用一字一板的秦腔道场，不像江浙人如呢喃细语、委婉动听。冷、生、硬、蹭，不善于拐弯抹角就是最大特点。从语言学上看，西安话也称为陕西话、关中话、秦方言，是指陕西关中一带的方言，属于北方方言中的中原官话，与北京话、天津话、东北话以及成都话等同为北方方言的代表。

西安话的声调也为四声，虽然与普通话有所不同，但是有明显对应关系，很容易听得懂。西安话和普通话四个声调里，第二声基本是一致的，如服从、城墙、狂人等没有区分。普通话变西安话，只要把普通话的第一声变成第三声，第三声变成第四声，第四声变成第一声就可以。西安话变普通话就倒过来，只要把现代西安话的第一声变成第四声，第四声变成第三声，第三声变成第一声就行。

可是你别瞧不起这西安话，因为古长安是著名的国际大都市，方言自然在历史上产生过深远影响，在古代那是叫“雅言”。早在秦汉时西安话就是当时的“普通话”，那时皇帝、妃子、大臣、外国使节以至平民百姓都得说西安话。汉代扬雄在《方言》中，曾把秦晋方言作为“通语”写进书里。

西安话里至今仍保留着大量的古汉语精华，比如陕西话里的“毕了”就是“完了”的意思，古语“六王毕，四海一”中的“毕”就是这个意思。西安话最接近古汉语，平常被认为最难找的字，在二十四史里大多都能找到。

西安话也有很多特有的语法特点和词汇，比如大家坐在一起海阔天空地闲聊，北京人叫侃，东北人叫唠嗑，四川人叫摆龙门阵，而西安人叫谝。当然，作为前国际大都市，肯定少不了一些外来语译音词，比如让人快点的“客利嘛嚓”就是。

西安人说话风趣，自成体系，就像黄土一样浑厚，古老而质朴。古往今来，多少历史大片是用这个语言去演绎。走在这领跑华夏文明几千年的古城，听到那些老陕们浓重地道的秦韵秦腔，一种踏实和亲切感便油然而生，有时让你忍俊不止，有时让你思接千古。

城市发声

1.“哈喽，你盯，多么表特拂，你舍好马吃咱就好马吃，完元土元都行。”

——一个临潼老农摆了个古董摊子，玉器、兵马俑纪念品、西周刀币应有尽有。看到一个老外在摊前，爱不释手地拿着个仿造的古币端详着，老农向老外兜售道，翻译过来是：“Hello，你看，多么 beautiful，你说 How much 咱就 How much，one 元 two 元都行。”

到了西安，你可得当心。这儿遍地古董，游客总要带些“古董”回去。但西安的古董伪造术以假弄真，专家都说绝了。西安有条著名的古玩一条街化觉巷，小巷子里布满卖古玩的小店铺、鼻烟壶、玉器、化妆盒、老锁、瓷器、头饰，应有尽有，但这些大都是伪造的赝品。所以，很多地方往往只能动眼，不能动手。

2．“你买不买，不买赶紧列远咧，别皮干，把饿买主耽搁咧。”

——在西羊市，有个顾客买大饼，挑东挑西的半天，还嫌弃饼子不新鲜，和摊主大妈讨价还价说：“哎呀，搞什么搞，那么几毛钱谁还在乎？”这下摊主大妈火了。

西安人的脾气火暴是比较出名的，在大街小巷上，时常可以见到骂架的人。西安这座城虽像其他城市一样，该有的城市要素都有，但是铺展开来，就显得有“糙”性。比如街头满目的小吃，男男女女拈了那大饼子站在路边，直接往嘴里送。

3．“飞机咋向？雾达！”

“歪人，怎么大一担子铁在天上，就是掉不下来！”

——嗡……飞机从头顶飞过。两个靠在城墙根晒太阳的大爷在谝闲传，说着说着就“抬杠”了。也许他们一辈子也没乘过飞机。有人晕船晕车，你看，他俩是晕眼。

“咋向”是问人“怎么样”的意思。西安人说“制达”是“这里”，“雾达”是“那里”，“啊达”是“哪里”。这里“歪人”是“厉害人”的

意思。

4．“是法拉利还是美人豹？还真笨狗扎了狼狗的势！”

——几个人照着一辆红色跑车就喊：“这不是法拉利么！”又一看，“这不是吉利美人豹么！”到车前一看，这车主把车标换了，难怪认错。这种经济型车换豪华车标现象确实不少见。“扎势”意为“显摆”，做样子给人看，用这词形容真是恰倒好处。

凡是不能满足于目前生活状况或者自身形象的人，都想要给旁观者一种错觉，而那种错觉正是他理想中的自己与生活。像上面这么扎势的倒也夸张，不过现实生活中，扎势常被西安人当成谋生和发展的手段，无钱人摆个有钱人的架势，汽车啦、名表啦、各路关系啦，统统不过是西安人的纸牌和道具。

5．“看你眼张口掰得像啥一样，你夜里偷鸡去了是不？”

——晚上，一帮朋友在西安饭庄喝酒。几杯汉斯啤酒下肚，一位老兄就精力不济，老是哈欠连天，不胜酒力的样子。这时朋友风趣地拿他开涮了……

外地人印象中，西安人说话比较“硬”，好像随时与人吵架似的。有人说西安人嘴笨，但嘴笨不代表西安人不幽默。几个熟知的人会说一些幽默俏皮话，将生硬的西安话说得更加婉转。

6．“你要是一镢头挖了个戴红缨帽的，那肯定是老古圣人。没听说，上海的楼，北京的塔，比不上陕西的冢圪垯！”

——在咸阳候机大厅里，一个老陕向他朋友夸耀西安。

说的也实在，古城墙、兵马俑、骊山承载着西安的几千年风风雨雨。正如人们常说的，看一千年历史去北京，看二千年历史去西安。西安以至于关中地区的文化积淀相当深厚，可以说关中是中华民族光辉灿烂文化的发祥地。如果说中国是一棵大树，上海是树冠，北京是树干，而深厚坚实的树根则是西安。

7．“烧那玩意都成送咧？烧了都让他妈的领导拿走了……”

“你个精怂，饿咋摸（没）想到这么正万的话题！”

——鬼节时，东大街两个下班的工人在路上，一个提议去买点纸钱，另一位老兄发牢骚道。这么一说，让人听后还真觉得有十分的道理。“都成送咧”是“都成什么样子了啊”的意思。

8．“嫂子，你老实说！谁勾搭你来，我寻他去！无风不起浪，母狗不翘尾巴，公狗不跳墙，你还嘴硬？”

——哥哥与嫂子在闹别扭，怀疑有第三者出现，正在院子里辩论。

这时弟弟听到了，远远地就喊道这么一句没轻没重的话。本来夫妻间的隐私，这下再也遮不住了，不离婚估计也没好日子过喽。

西安愣娃说话办事不是不够火候，是太过了火候。那种天不怕地不怕的“二杆子”精神，每每语不惊人死不休。外地人说西安“坏人多，好人少，愣娃能把人绊倒”，几年前那个“宝马彩票案”的刘亮，兑不上奖爬到广告牌上，情绪激动地不断向下边围观人群喊：“我要我的宝马车，否则我就跳下去。”让国人见识了西安愣娃的执拗。

9.“别松捏呢，还洗松手，赶紧干活，一会儿买买奏了来咧。”

——路过一家烤肉店，老板吆喝伙计干活。“松捏”意为“磨蹭”。伙计想洗手的老板都不让，嫌耽误做生意时间。这家店怎么让人吃得放心？现在一再强调食品卫生，看来并不为过呀。

10.“伙计，不顺路，我交车，你重挡一辆。”

——这句话经常打车时会碰到，每次交班时间打车就是麻烦。西安人叫打车叫挡车。

跟能说会道的北京的哥比，西安的哥简直是沉默寡言。打了几次车，你会发现他们都喜欢收听西安交通广播电台，大约是因为电台有及时又频繁的路况报告吧。

11.“急着弄松？揍球？拦都拦不住。”

——一群去急着看球的球迷，闯着红灯，呼啸而过。交通协管员对一群“西北狼”无奈地说。

西安球迷用狼作为自己的图腾，所以人称“西北狼”。从陕西有球队，西安就一直是中国联赛中的金牌球市，不管是甲B、还是甲A；不管是外来的八一、上海还是本土的国力，西安球迷全都照单全收，一场不落的。

12.“挤撒吗挤，把人挤成肉夹膜了。上来的都朝里走，挤到门口闹怂，里头空成怂咧 。”

——公交车一靠站，底下黑压压的人群全部拥上来。一个小伙子进了门，拼命地挤一位大爷，大爷立即不满地嚷嚷起来。这时司机发话了……

西安人没有排队上车的习惯，都是蜂拥而上，挤在门口使劲地往里塞。西安的交通让外地人感到奇异是，街道上标语和红绿灯一样不少，满街的车却理直气壮地横冲直撞。司机大声说话，乘客大声说话，底下的行人也寸步不让。

13.“撞咧，撞咧，让了，让了！”

“你蛤（瞎）着呢得是？开问（那么）快，对死就不杖咧！”

——康复路的一个骑三轮的，拉着高高的一车货，刹车把摇得哐当响，大声地嚷嚷道。一下吓着了两个逛街的姑娘，姑娘没好气地骂道。“对”是“撞”，“杖”是“嚣张”。

西安人常说：“有钱逛金花中大的，没钱走走康复路的。”康复路是西安小商品一条街，商铺里卖衣服的一个个化的都是浓眉大眼的，人人脾气跟火药筒一样。好东西店主都批发出去了，剩下的东西都不讲价，很多能看上眼的价格也不低，店主还一副爱理不理的样子。

14．“同学，要住宿不？”

——八里村附近，开小旅馆的老板看到一对小情侣亲昵地出校门，就上来热情地招呼道。八里村附近大学多，如今大学生开放，在外租房子同居的大学生也多，私下里都说这儿是西安的美女集中营。

别说，西安大学真是扎堆，西安交大、西北工大、西北大学等等，高校林立。前几年的民办院校雨后春笋般地建立起来，很多在全国都很有影响。这些学生作为一群庞大的消费者，可为当地 GDP 贡献不小。

15．“马家湾差一位！来，嫂子上车，有座位。”

——长庆兴隆园小区门口，高陵的拼坐黑车司机，不管车上有几个人，见着路人就拉客。看到了迎面走过一个大妈，于是热情地上前招揽。

每天这站上等车的人是络绎不绝，可毕竟公交车的运力有限，每一趟车即使挤得满满的，站上还剩下有许多的人坐不上车。这就使出租车黑车发现了商机，大量的出租车停在路边排起队招揽生意，其他地方不去，成了专线车，见人就招呼生意，来这么一句。

16．“都困成马咧！你还酿人呀！”

——到了年底，杂志社加班不断，办公室里半夜三更还灯火通明。某位女同胞已不堪重压，伏案酣睡。这是旁边人嘲笑她，问在做啥春梦呢？没想到这位同胞迷迷糊糊，来了这么一句。

“困成马咧”是形容工作之累，“酿人”是讽刺人的意思。西安人喜欢把马当成了内涵丰富的形容词：炒股或者做生意赔了就形容为“亏成马咧”；心情不好时就形容为“谋乱成马咧”；形容别人生气时就说“气成马脸咧”；压力大时就形容为“愁成马咧”；把老实人做老实事时形容为“瓜成马咧”；菜里加多了醋也要硬形容为“酸成马咧”。形形色色，“马”句多多。当然，也有褒义的，如“快成马咧”，“漂亮成马咧”，“钱多成马咧”……

17.“饿制达扯面宽得像裤带，要辣子不？”

——土门创新路，一个扯面馆老板跟顾客介绍自己店里的产品。自夸自个的扯面像裤带那么宽，其实老板一点也不夸张。

在西安，扯面也叫冰冰（读biang）面，正宗的一根面条宽度可达二三寸，长度则在一米上下，厚度厚时与硬币差不多，薄时却如同蝉翼。

一根面条足够一顿饭。西安人吃面，捞在碗里，无论是浇臊子，还是泼油辣子，吃起来都很光滑、柔软、热火、有筋性。人们脖子一伸一缩，呼噜噜吞进肚里，吃饱吃胀，饱嗝一打，顿时浑身上下都是力气。

18.“饿的神呀！脏的跟松一样，寻个地方蹴下哈都难。”

——在一个城中村中，来自咸阳的建筑工老张端碗去隔壁串门，见门就说。这里住着很多像老张这样的民工，他们每餐都要蹴下开“老碗会”，一蹴下就个把钟头。这是在老家养成的习惯，在老家他们冬天喜欢蹴在背风向阳的地方“晒暖暖”。

所谓“蹴下”也就是“蹲下”。蹴下是一个陕西人爱采用的姿势，尤其在老一辈中。他们蹴下吃面，抽烟，蹴下思考问题，谈话，或者只是蹴下，什么也不做。当然在西安的饭店和宾馆里，一定不会见到这样的一个姿势。但在一些集市或郊区，这样的情况还是很多的，你经常会见到一些人蹴下吃得津津有味。外地人说这是“板凳不坐蹲起来”。

19.“唱秦腔，一是舞台要结实，以免震垮了；二是演员身体要好，以免累病了；三是观众胆子要大，以免吓坏了。”

——在西北政法大学某班级课堂上，老师谈到秦腔特征时，幽默地说道，底下笑声一片。

说的一点不假，秦腔特点正是高昂激越、强烈急促。尤其是花脸的演唱，更是扯开嗓子大声吼，当地人称之为“挣破头”。吼戏者，脸红脖子粗，吼得走火入魔，但只要观众叫声好，这吼戏者的高兴程度不亚于获得什么大奖，人们认为，这才是真正的秦腔，听起来过瘾、解馋。

20.“咥饭咧么？”

“刚咥……饿浪去呀！”

——晚饭后，老街坊碰面，于是习惯性打起招呼。西安人把吃饭叫做咥饭。咥乃古汉语，《辞海》解释为咬。“浪”作“溜达、逛”讲。

西安人的浪比起逛似乎更随意，没有目的，心不在焉。要逛的，无非商场、公园、影院，逛之前，心里已经有个谱了。但是浪，是即兴的，不必盛装，粗布衣裳，趿平底鞋，不拘哪里，慢慢儿浪。逛的人节奏紧迫，常常累得腰肢酸软，浪的人越浪越平和，越浪越舒心。西安人原本不善搞笑，厕所门前搭讪也只会说句。这些年来大有改观，同样是厕所照面，话就有趣多了，比如一本正经地抬举你：“领导，浪去呀！”

21．“这达是谝的地方，斑竹都是能喋得一踏，不信的话尽管试火。干梆硬正的人物在这达吃不开的，瓷麻二愣也是没有前途的，客利嘛嚓和麻糜子才是主流风格。这里的GG们喜欢扎势，花搅。各位MM可别介意。”

——下课后，几个同学在教室里吹牛。谈到上网和网上论坛，说到本地一个人气比较旺的“西安人社区”，一位经常逛论坛的资深网虫发言了。

“干梆硬正”意为“正派”，“瓷麻二愣”是“不机灵”的意思。“客利嘛嚓”听节奏便很紧迫，像擂鼓一声高过一声，一声较一声激越，所以意思是“赶快”。“麻糜子”意思是“不讲道理”。“花搅”意为“乱开玩笑”。这么一解释，这句话就看明白了吧。

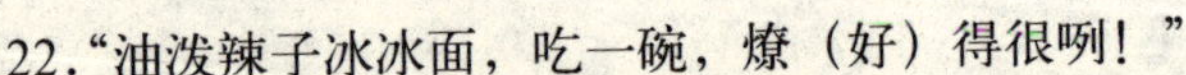

22.“油泼辣子冰冰面，吃一碗，燎（好）得很咧！”

——在小餐馆里，一位老嫂子在埋头专注地吃着冰冰面，老板询问味道如何，老嫂子啧啧地称赞道。

“油泼辣子”是一种特色辣椒，看着红、闻着香、吃着辣，既能用来调面，又能夹馍吃。一般人都以为是湖南人、四川人能吃辣椒。其实湖南人、四川人只是把辣子当成一种调料，而在陕西“油泼辣子”却是一道正经八百的菜肴。陕西人爱吃辣椒，就连西安城里好多人家门口都挂满一串串喜人的红辣椒。

23. “老早那会儿，咱也确实不知道咋捻拢，三徉两徉的过了几十年，你说尪羸不尪羸，简直把人就急扎咧！”

——几个老人，在德发长边吃饺子边叙旧，一谈就是话当年。这不开始痛惜当年不珍惜光阴，几十年就这么悠哉的过去了。大有少壮不努力，老大徒伤悲之感。“捻拢”是修理的意思，“尪羸”是弱的意思。

西安真像口古井，无波中却通沧浪，别地的历史多不过千年，扔到这里来，怕连个声都不响的。就像歌里唱的，胡子里长满故事，惟其深不可测，所以它永远新不起来。可是它也不会封闭沉没，因为居高必然望远。

24.“给老丝社一哈，社饿窜希捏，不七上课咧。”

“没麻搭！”

——在大学宿舍里，上课铃声响了，一位同学抬起惺忪的睡眼对要去班级的室友说，“跟老师说一下，说我拉稀了，不去上课了。”室友爽快地朗声应承：

“没麻搭！”意为包在咱身上！委他做事的同学，也十二分的放心。切切求人，盼的便是对方这样一句痛快话。都说大学生是“九三学社”，早上睡到九点，下午睡到三点，逃课也是家常便饭。大学里流行这种说法：没补过考，没逃过课，没谈过恋爱，大学就不能毕业。

25."这局一块冲，不行拿枪杆子朝死抡。"

"么机子咧，你坐一岸子去，等一哈。"

——两个中学生，一放学就心急火燎地往网吧跑。进了网吧，两个就恶狠狠地商量着怎么打。结果老板告诉他们网吧满了，看来是要耐着性子再等等。

在网游里，不用为自己的任何行为负责任，即使是"杀"了人，也无须偿命，不小心被"杀"，重新再玩一局，又"活"了。这么刺激的游戏，当然让很多学生沉迷其中，所以网吧里总是人满为患。

26."盖（这）事难常很。只是，再怎样难常，还是照旧要直面。"

——小区楼下的风景树下，有位大爷真正劝愁眉苦脸的年轻人，意味深长地说了这么一句。"难常"是"困难"、"难说话"意思。

人生在世，难免遇到沟沟坎坎。有些轻松地跨过去了，有些却很吃力，让你不由叹气。又或轻易不求人，却因为一件难常的事，被家人撺掇着去向管事的谋个薄面。当即蹴下，抽两根烟，经过激烈的思想斗争，方才起身。谁知还是悻悻而归，因为那个管事的——"难常得很"。

27."饿倒咧八辈子霉咧，给他交锤子税，噶达马西一和摊，一案子去！"

——在一个小吃店，一帮工商税务人员刚去远，小老板就对这这些人的背影不满地发泄道。

在西安话的"锤子"就是暗示雄性的生殖器，是骂人的话，所以不要轻易在女孩子面前说锤子。"噶达马西一和摊"是"乱七八糟一大堆"的意思。

28.“羊肉泡馍大碗卖啦，香的鼻都留到锅里咧。”

——火车站附近一个羊肉泡馍店，老板在吆喝着过路的旅客。

羊肉泡馍可称上是“陕西第一泡”、“西安第一碗”。刚端上来的羊肉泡馍很烫，呼呼地直冒热气，吃时用筷子从贴碗的四周往嘴边拨，边拨边吃。不说大块的肉和硬邦邦的死面托托馍，就是盛馍用的碗，南方人都望而生畏，如果脸小一点，简直可以用它来当脸盆。到西安不吃牛羊肉泡馍似乎是白来一趟，这种东西出了关中就找不到了。

29.“如今有了好政策，就得赶紧撩乱着棱格干！气扛足，势扎牢，撑住火，好好闹。只要肯卖力，能下苦，一点儿麻达都没有！要客利嘛嚓地干出个眉眼儿，在世人面前也显豁显豁，叫旁人看咱乡党也不是吃素的。把事做的漂漂亮亮、亭亭当当。再嫑叫东岸子、南岸子的人说咱老陕光知道生、楞、倔，心粗、腿懒，手笨，睡在金窝窝儿里头胡混。”

——在一次招商引资大开发动员大会上，领导对着下面黑压压的群众说起了心里话。这些地道的西安话说得句句很实在，没有假大空的官腔，都说到老百姓的心坎上了。

平常的西安人习惯于过一种小日子：吃不愁，穿不愁，有房子有工作，闲时谝一谝，打打小麻将。他们对生活不太会有太大的奢望，舒舒服服地过着日子，该有的或许不一定都有，不该有的却一定没有。现在形势变了，再也不能这么过了，西安人也该振作起来。

第七节　偷听武汉

一座打出来的城市

武汉素有“九省通衢”之称，位于中国南北大动脉的中点和长江中游，是全国最大的交通通讯枢纽之一。地理上内联九省，外通海洋，张之洞曾用副对联形容：昔贤整顿乾坤，缔造先从江汉起；今日交通文轨，登临不觉欧亚遥。此联恰到好处地把武汉“中流砥柱”地位形容出来。

武汉位置的重要性，自然让其成了自古兵家必争之地。从“以武而昌”，到岳飞屯兵；从元军攻占汉阳，到朱元璋兵指武昌；从太平军三克三镇，到推翻二千多年封建专制的辛亥首义，再到轰轰烈烈的革命军北伐……武汉自古杀伐鏖战不断，似乎向世人昭示：这是一座打出来的城市！

这座城市的确离不开“打”，因其是水路码头之地，向来就是各类跑江湖的场子，到了码头当然要“打码头”，可不能讲温良谦恭让，要靠拳头打天下。我们现在还经常能听到武汉人抖狠时说：“你个豹胆妈的，是哪个码头的吵？！”

长江、汉水把武汉划为汉口、汉阳、武昌三大部分。三城合而为一，这在地球上实属罕见。火车特快在一市之中要停两次，恐怕也只有武汉一例子。到武汉，你会发现路牌上很少标明方向，因为没法子注方向。长江和汉水的流向决定了城市的道路走向，三镇的道路沿江呈斜向分布。

有人说武汉是最具流动感的城市，流通成了武汉的地域品格。《汉口竹枝词》说“此地从来无土著，九分商贾一分民”。的确，这个城市接待的是南来北往的客，吃的是天南地北的菜，什么衣服好看穿什么，什么好的就拿来变成自己的。不能算江南，也不能叫江北，南人北客杂居一起，这是一座骑在长江上的城市，因此有了江城的别称。这座城市的位置是最好的亦是最坏的，亦南亦北，腹背受敌。

这个最好与最坏，也预示着这个城市的定位不像北京、上海，既没有那样厚重的文化底蕴，也没有那些炫人耳目的万贯家财。随着武汉经济的衰落，如今被人笑话是一个又破又大的超级县城，是国人公认的最市民化的城市。来武汉，这里会让你阅尽人间烟火。

走到汉正街的小巷，传来的是商贩“走过路过不要错过”的吆喝，三五块一件的衣服，五六块钱的炒菜，治疗性病的江湖游医，摆摊算命的术士，端碗串门的店主，追逐嬉闹的孩子……这些市井气息扑面而来。

说起武汉的市井生活，“过早”是最具特色的。武汉的早餐极其丰富，满街的小吃店和早点铺星罗棋布，丰富得武汉人都有在外面吃早餐的习惯。热干面是过早的首选，也是武汉的招牌，一代代的武汉人都是在“过早”吃热干面开始了城市生活的一天。

武汉在外名声最大的恐怕还要数其夏天的酷热。这个处于南北夹缝的城市，位居全国火炉之首。有个广为传播的笑话这么说：传说阎王爷要惩罚三个犯了罪的恶人，命令小鬼执行“油炸”。当油锅烧得哗哗响时，其他两人恐惧难当，跪下求饶，独有一人无所畏惧，不肯下跪。阎王爷不解地问：“你为何不跪下求饶？”这个人答道：“老子是武汉来的。这点小油锅跟我们那夏天比，实乃小巫见大巫，何惧之有？”

夏天的武汉好像从来都不兴“回凉”，24 小时几乎毫无温差，高温

近一个月时间。每到夜幕降临，街头巷尾满是纳凉的人，很多人索性脱光了膀子晃悠。夜的城市空气中飘荡着率性的武汉话，直到星夜沉沉，偌大的武汉只剩下月的清幽。

地下湖北佬

“天上九头鸟，地下湖北佬”，湖北人精明强悍，因此被比喻成神秘的九头鸟。武汉人可谓九头鸟之首，他们的名声尤其不好，因为火气太大。

古代武汉隶属于楚国，所以武汉习惯把自己脚下这片地叫“楚天楚地”，武汉话中“楚”与“丑”同音，真正武汉人会说“我是丑人”。武汉人崇拜楚人，也有楚人的遗传基因。楚虽三户，亡秦必楚，因为楚人尚武而任性，所以在武汉人心目中最优良、最不吃亏的性格品质就是“够爽”。

“够爽”的武汉人说话一贯大大咧咧，心直口快而毫无遮拦，不论理直理亏，不分场合地点，都乐于直爽地表达自己一切的意见和主张。“够爽”的武汉人动不动爱上火，而且吵起架来嗓门特别大。

嗓门大了爱骂娘，武汉人骂人水平大概算得上全国第一，而且是什么娘都敢骂。武汉的市骂很多，最常用和最通用的主要是“婊子养的”，其次为“个板妈”。很多人百思不得其解，武汉又不是妓女集中营，哪来这么多婊子养的？而这个“个板妈”到底什么意思，就连武汉人自己也说不清。武汉人骂人就是如此，往往没什么实际意思，不一定甚至多半不是骂人，只是表示一种语气或习惯用语。

武汉人除了骂人，爱咋呼亦是出名的，汽车上、商店酒楼里爱咋呼的武汉人比比皆是。夜晚的吉庆街，堤角的牛骨头一条街，一桌桌的武汉人甩开膀子，端着酒杯，扯开嗓门喊着、闹着。甚至一些咖啡厅，也成了武汉人“斗地主”、吹牛皮的场子。

武汉人不但敢动口骂人咋呼，而且也敢于“动手”。这从“文革”期间就声名远扬，那时武汉红卫兵串联到外地，每逢遭到欺负，便团结起来同仇“敌”忾。而武汉城内部当然也是派系林立，武斗在当时全国是出了名的，满武汉城天天听到枪声和手榴弹声，不时传来某某又被打死了。

武汉人性格中有股蛮劲，脾气一般都比较犟，做事一根筋到底的执著。人常说当年两个武汉知青在田埂上碰着了，每人挑一担子，田埂很窄，总得一个让一个才能过去，这俩人就能一站站一上午，谁也不给谁让。这样的犟脾气，外地人遇到谁不怕?

所以说呀，全国人民都有点讨厌上海人，但不害怕；全国人民也都有点害怕武汉人，但不讨厌。讨厌而不害怕，所以讽刺上海人的笑话小品不少；害怕而不讨厌，所以讽刺武汉人的笑话小品不多，背地里嘀咕却不少。

不过，事实武汉人是刀子嘴豆腐心，与其打交道往往是不打不成交。与武汉人交朋友，你会发现好起来对你掏心掏肺。如果他认定你这个“梗朋友”，真能为你两肋插刀。这点看武汉是比较“江湖”，也许跟武汉历来是水路码头有关。

武汉人有普遍的江湖性格，说话就怕没有江湖口气，就怕不是江湖中人，一般市民崇拜江湖不敬官府，帮匪不帮兵。如果在武汉两人吵架，有一方说：“你怎么这么不讲道理？”那说这话的人未免贻笑大方，要知道武汉人是尊强者赢者，不尊公理的弱者和书生气的人！武汉人还真有点像江湖中人，“四海之内皆兄弟”观念根深蒂固，比如管结过婚的女人都叫“嫂子”，那么无异于把他们男人都看成哥哥。

武汉话中的乡里人

似乎和上海一样，武汉也有称外地人为“乡里人”。不过武汉既不像上海那样自傲得视其他地方都是“乡下人”，也不是根据所住区域分“乡里人”和“城里人”，武汉话里“乡里人”是指那些不会讲武汉话的人。这种叫法还真叫人耳目一新，足见武汉人对自己的方言是情有独钟。

“武汉人不讲武汉话讲么事咧？”武汉人说武汉话天经地义，很少有人会去追问武汉话的起源。其实，武汉话是漂在长江里、系在码头上的，在三镇贩夫走卒的肩膀上晃荡，随着武汉商业的兴旺而发扬光大。武汉是一个移民城市，九省通衢，南来北往的人很多，需要一个大家都能接受的口语作为交流的标准，就这样，以武昌官话为基础，再在汉口与各种语言杂交，武汉方言就产生了。

俗话说“宁听苏州人吵架，不听武汉人说话”。其实武汉话并不好听，和北方大量的卷舌音相比，武汉语音中几乎找不到 zh、ch、sh、r 这些卷舌音。没有卷舌音的武汉话使得语音过于裸露，少了一些修饰，给人硬邦邦的感觉，听者闻之好似每一个音调都往下掉，掉得让你怕砸到脚。

武汉话音高偏低，音色深沉，差不多每个音节都要拐弯抹角。如果把普通话的音高比作五度，那么武汉话就只有三度。普通话的上声由四度回落到一度，再由一度爬升到三度，武汉话则是由三度回落到一度，然后再由一度爬升半度。武汉话爬升得极为短暂，好比是刚露头就被重重地敲了一棒，迅速就把头缩了回去。

武汉人的外向型的爽直性格居多，比较喜欢说话。偏偏武汉人性子又急，往往前言未完后语便跟了上去。武汉话本身比较硬，这一硬加上一急，极容易给外人以厉害的印象。武汉当年是湖区，多数人必定靠湖而生，采摘莲藕摸些螺蚌，男人划着木筏下湖，女人烤熟了一只野鸭，会对着湖面喊叫："回来奇楼（吃肉）……"率直而响亮。

武汉人时时都想显示出"有狠"，发音低沉于是成了较为严重的障碍。为了弥补这一缺憾，他们就拼命地借助面部表情。所以，武汉人说话表情极为丰富，眼睛瞪得很圆，嘴巴撮得极长，像这样无节制地使用面部肌肉，皱纹当然就比"乡里人"出现得早。

当然，武汉像其他大城市一样充斥着南腔北调，而且更为甚者是，在一些地区甚至出现了区域性的普通话圈。武钢开发时大批东北人聚集青山地区，他们后代基本带有明显的东北音。省直机关聚集的武昌水果湖，则流行带湖北地方口音的普通话，因为省直机关的职员大都来自湖北各地。在高校林立的汉阳，几十所高校让普通话成了通行语言。

来武汉，听听武汉人说话保准精彩。因为武汉让你觉得什么相声小品都见鬼去吧，还想用这唬弄文娱生活不太丰富的国人，这儿天天上演小品比那贫嘴丰富精彩多了！

城市发声

1."交朋友就得一根灯草点灯——冒得二心！"

——武昌自由路的户部巷内，一家叫谢家面窝的小吃店里。几个朋友一边吃着小吃一边交流感情，其中一位谈到交朋友的原则，斩钉截铁般总结道，其他人都达成共识般附和。

正像上面所说的一样，武汉人交朋友很实在。有时为了哥们义气，不惮于说些出格的话，做些出格的事，甚至以身试法。武汉人认为这才叫“梗朋友”。和武汉人交“梗朋友”说易不易，说难不难。说不难，是因为武汉人对朋友的要求并不高。他们一不图名，二不图利，只图对脾气、够意思。说不易，则因为人家是“梗的”，你也得是“梗的”。在武汉人看来，不能“码倒搞”（做假）、“诈倒裹”（吹牛），更不能“抽跳板”。“抽跳板”也叫“抽跳”，有“过河拆桥”的意思，但比其内容更丰富。

2.“个婊子养的，好过瘾呀！”

——一个学生躲在珞珈山上树荫下，读武侠小说，被里面的刀光剑影所吸引，读到酣畅淋漓之处，不由得发出这样的感叹！武汉人就这样，他们称赞一本书或一场球赛好看、一场游戏或一件事情好玩，就会兴高采烈地这么说。

都说武汉人什么娘都敢骂，市骂五花八门，最常用和最通用的主要是“婊子养的”。这句话有时多半不是骂人，只不过表示一种语气，什么意思也没有。夸别人长得漂亮或事情做得漂亮，也会说：“个婊子养的，好清爽呀！”甚至说到自己的兄弟姐妹也会说：“他个婊子养的。”

3.“这个人蛮嘀哆，搞唰喇点。”

——到汉口的某民政部门去办事，办事人员又看材料又看证明还要盘问，半天拿不定主意。这时等在后面的再也不耐烦了，急吼吼地催促道。

显然，这里的“嘀哆”也就是唠叨、啰嗦、黏乎、婆婆妈妈、拉拉扯扯，有时也包括瞻前顾后、想法太多等等，总之是不爽快。“唰喇”的本义是“快”。比如要求动作快一点，武汉人就会说“搞唰喇点”。要求决定快一点，也会说“搞唰喇点”。武汉人都害怕面对思考慢、动作慢、说话慢的人，偶尔遇到慢性子人，心里急得只想跳脚，巴不得冲上前去帮他把该做的事或该说的话尽快完成。

4.“日你屋里仙人，连站都不停地抢老子生意，老子今天不超过你，不晓得老子姓王吧！”

——703路公交车正往森林公园方向行驶，停靠站点时，一辆方向相同的702疾驶而过，这时703的司机大吼一声。随后展开了你死我活的追逐战，一路上乘客们都紧抓着扶手挨个祈祷……

在武汉，通常司机开赌气车和英雄车现象比比皆是。但大多数开快车，是由于公交公司对线路各大段都有基本时间要求，在有些路段出现堵车状况，司机需要加速补回时间。在武汉坐公交你是不用急的，因为司机比你还急，估计很多乘客都有上面那样胆战心惊的经历。

5.“这谁不知道啊！精武路鸭脖子伸得很长的。”

——大学同学出差路过武汉，作为地主的小黄说，一定要去一个能体会武汉风土人情的地方，而且能吃到武汉的特色美食。那位同学立刻说，不会是去吃鸭脖子吧。小黄说神了，你怎么知道？他于是得意地说。

这条位于汉口新华路长途汽车站附近的精武路，原先是名不见经传的棚户区小巷，而今却名扬天下，这一变化主要源于小小的鸭脖子。这条小巷里，数十家鸭脖子店一字排开，门口都是成堆颜色红亮、香气扑鼻的鸭脖子。

6.“豹胆妈的，吵半天了，还不动手！”

——江汉路步行街上，有两人吵起架来，一帮看客在围观。可惜吵了两个钟头，还是没有动手，这时有人意犹未尽地嘀咕了句。

大凡武汉街头有人吵架，无论大事小事必有一群人围观。这围观的人里面有看热闹的、有插科打诨的、有喝彩起哄的，面对免费的街头娱乐短剧人人不看白不看！围观的大多数人是抱着借鉴和观摩吵架技术的目的，看看哪个“会嚼”，哪个人会“嚼死人”。能把无理说成有理的人，加上幽默无厘头，一般就会赢得喝彩般的大笑。大凡围观者都要从中学点技术，那些精彩吵架名段、名句都默默记住，等有机会进行唾沫之战时也可派上用场。当然，很多武汉人不但敢“动口”，而且也敢“动手”。

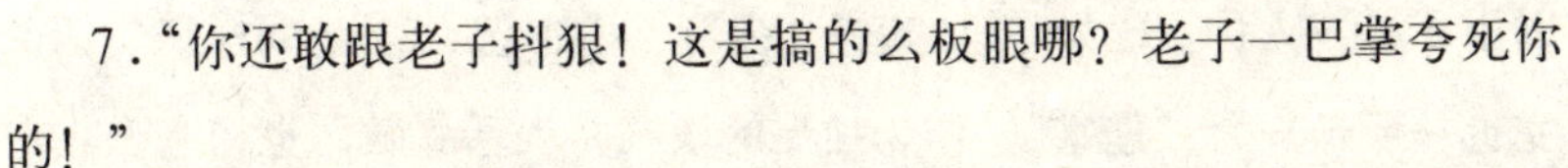

7.“你还敢跟老子抖狠！这是搞的么板眼哪？老子一巴掌夸死你的！”

——公交车上一场骂架开始了，这是一个常见的项目。因为谁踩了谁的脚，或谁和谁抢座位，哪一方都不愿先示弱，从互不相让越骂越难听到贴身肉搏，一场大战一触即发。“抖狠”意为“想打架”，“么板眼”是“怎么回事”。

要说武汉的市井文化，那就是武汉都市文化的最精华的部分了——骂人吵架文化。对他们来说，吵架是一种文化、是一种娱乐、是一种宣泄、是一种沟通。率性而为在这儿为好勇斗狠的意气之争找到了最好借口，武汉人从小到老，从男到女，没有哪个不吵架的，一天到晚大街上“豹胆妈的”、“个板妈”的叫骂声充斥着街头！

8.“劳为您家！好走您家！明儿再来您家！”

——在一个里弄旁，一位老太太把串门的亲戚送到路口，客气地告别着。

武汉人不但火气大，而且礼节也大。武汉人说话一般都会尊称对方为“您家”，这相当于北京人的“您”。不同的是武汉话的“您家”还可以用于第三人称，比如“他您家”，相当于“他老人家”。同样一句话说完也总要带一个“您家”，作为结尾的语气并表示尊敬，也相当于北京人的“您哪”。武汉人虽讲礼却并不虚伪，他们极为憎恶虚情假意、装模作样的做派，称之为“鬼做”。

9.“你是从六角亭出来的，就你这水平，还不回去洗了睡。”

——在游泳池里，人挨着人像煮水饺似的。一个小伙子却兴奋地扑通扑通地打着水，来回狗刨似的游着。水花溅得旁边大叔一脸，于是大叔朝他不客气地吼叫道。

“六角亭出来”是骂人是神经病的意思。“洗了睡”是让人赶快歇着吧，通常用于蔑视的口吻。都说武汉人市民化，他们率真中透着敢爱敢恨，粗鲁中有着真实，火暴脾气成了独特的个性。

10.“你说话莫带把子哟！心里冒的数吧，每天像个糊鸡。”

——武汉人将语出脏话叫“带把子”。两人吵架，如果有一个人先骂了人，对方便立即会说。心里“冒的数”是“糊涂”、“不知道轻重”的意思。“糊鸡”就是“糊涂蛋”。

一般人将骂人的话说作“带渣滓”，从字面上来看，脏话自然如同渣滓。而为何是“带把子”，不太好理解，武汉人说“带把子”不光是指骂人，也指那种话中有话、夹枪带棒的意思。

11.“我今天才是掉得大，钱包被偷了。肯定哪个河南胯胯干的！”

——早晨一到办公室，小李就哭丧着脸对同事倾诉。原来在武胜路公交站时，遭小偷黑手。“掉得大”是结局很悲惨。

武汉街头小偷比较多，有时让你防不胜防。经常就见几个贼眉鼠眼的男子站在公交站台上，看哪辆车子多就往哪里挤。说起武汉的小偷，要数新疆和河南的多。河南人这几年名声不太好，在武汉尤其是。招工不要河南籍的，房屋不租给河南籍的……简直视河南和河南人如洪水猛兽。武汉人是一贯看不起河南，把河南人叫做“河南胯胯”。在武汉人眼里河南人是“脏”的代名词，每个武汉人都会脱口而出“你看你邋胍的像个河南人”。当然，每个地方都有好有坏，这种地域歧视还是要不得。

12.“亏你还是个男将，跟个女的去闹。”

——在“四季花城”小区里，一个老大妈拉着怒气的儿子劝说着，可能小两口正在闹别扭。这里“男将”是男人的意思。

外地人初到武汉，跟武汉男人相处会觉得他们无比豁达和幽默，但很快发现他们语言大于行动是武汉男人的基本特征，别看他们外表阳刚，但在女人面前就当不了家做不了主，时间长了就患上怕老婆的病根。在外面闯天下大获成功的男人少之又少，而女强人却人才辈出。不过武汉男人嘴壳子硬，不如人家却要说不屑跟人斗，平常不肯喝酒会这么解嘲：“多喝汤，少喝酒，听老婆话跟党走。”

13.“快上来吧，我老公不在屋里。”

——单位里发了两箱饮料，女同事力气小搬不动，热心的男同事帮她送到楼下。女同事过意不去说：“在楼下等会吧，我老公也许在家，我叫他下来拿得了。”后来上楼一会儿，她便把站在窗户前，急切地对着楼下叫道。看看这么一喊，肯定让人误解了吧。

14.“她都是老菜苔了，还打扮得像个妖精。”

——在武昌司门口一家风味小吃老谦记里，两位大嫂一边吃着牛肉豆丝，一边八卦着。提到一位相熟的女同事，一脸不屑地说道。

菜苔是武汉特产蔬菜，但老菜苔吃起来味同嚼蜡，口感非常之差。在武汉方言中，老菜苔用于形容已不太年轻的女性，通常带戏谑口吻。

不过，也难怪一般武汉女人爱打扮，因为打扮对她们来说是俯首拾来，武汉特别是武昌，是个商业繁荣的地方，武商广场、佳丽广场还有汉正街那条中南最大服装批发市场，十步之内，必有芳草。

15.“你简直是个苕，就是铆起写也写不出个名堂来吵。”

——在东湖路一家杂志社内，同事坐在一起吹牛，就见旁边有位文学青年还在电脑前敲敲打打，不时地抗议大家不要打扰他写作思路。这时同事们不屑地羞辱道。这句话有点毒，已被“铆”在那里了写也还是不行，这写作还有前途吗？

“苕”俗话就是地瓜，武汉人用它指人脑死板不灵活。“铆起”一词也是武汉特有，“铆起”之意含“使劲”“不断”的内容。比方武汉人要说某个人吃得太多，便说他“铆起吃”。“铆”之生动在于，一个人吃东西已经到被“铆”起来的地步，可见这人之能吃。铆字比之其他如“使劲”、“不停”等同类词句显然要更具形象，更走极端些。这个词还可以用在“铆起干活”、“铆起打”、“铆起讲”等上，是武汉常用语词之一。

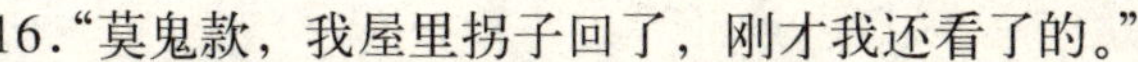

16.“莫鬼款，我屋里拐子回了，刚才我还看了的。”

——在小区的小卖部里，有一伙街坊坐在门口拉家常，大家嘲笑小卖部老板的拐子整天夜不归宿，这时老板赶忙替拐子正名。

“鬼款”是胡说八道的意思。“拐子”一词在武汉也是无人不知无人不晓。它原先可能是流氓或帮会中老大的意思。流传到社会上，便成了“哥哥”的称谓了。大哥称做”大拐子”，二哥称做“二拐子”，小哥便是“小拐子”。这里面已无半点贬意，而是更为亲热的关系才会如此称呼。从这可以看出武汉可谓“身处闹市，心在江湖”。

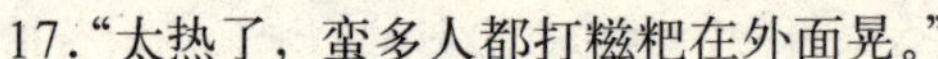

17.“太热了，蛮多人都打糍粑在外面晃。”

——夏天晚上的武汉，到处像在火炉上烤一般，衣服一会就汗透了。难怪大爷叉叉着腰，摇着蒲扇，站在巷口这么说。“打糍粑”是“光膀子”的意思。

外地人笑话武汉人素质低，光着膀子上街很正常。在武汉，倘若遇到西装革履的，要么是做保险的，要么是做推销的。不过，武汉人说怕热也不怕热，热死人的三伏天还是要排队买油条油饼。厨师们不顾烟熏火燎地站在油锅前炸，食客们则耐心地站在油锅前等，大家为满足口腹之欲而汗流浃背，却都满不在乎。

18“你看，森林狼的17号，打起球来简直就是一菜包子，水得一塌糊涂！”

——在一场兄弟单位篮球联谊赛上，很多职工被组织当拉拉队。一边看着球加油呐喊，一边对场上各个队员评头论足。“菜包子”意指“差劲”，这里“水”也有此意。

在武汉话中，“水”意丰富多彩。比方说某人告密，武汉人便会说：“这个人是个水客。”水是流动的无序的软性的无孔不入的容易泄漏的，大约“水客”意指由此而来。“水客”并非是水上来客，而是含内奸、泄密者之意。比方假货被武汉人称作了“水货”。某种东西质量很差，武汉人便说“水得很”。属于武汉人自己的地方语言就是有一种动感的魅力。

19.“他开来辆新车，跑到我们这里来要味。有什么了不起！”

——两人站在单位的楼道下，对着下面一个背影，不屑地议论道。“要味”是在说话办事上都要压人一头，以显示自己，类似于摆谱、炫耀。但又略有不同。比方“要味”二字还可以拆开来用，如“何必要我的味呢”。

喜欢攀比也是武汉的潜意识，只有武汉人，他们最关心的甚至不是自己赚了多少，而是别人从中赚了多少，唯恐便宜了外人。武汉人的生意老做不大，一个原因可能就在这儿。

20.“她您家吃得几过细呃，向前日朝我的屋里佐了几坨姜，烧喜头鱼，吃到正晷，还够一吃得。”

——这句话是说一老太吃菜节俭，翻译成普通话便是：“她老人家吃得很仔细，大前天到我家借了几块姜，烧鲫鱼，吃到现在，还够得吃。”

武汉话虽然有很多本地独特的词语，有些单独的词语让外地人无法明白其意，但总体上却是能听懂的。外地人听了上面这么一番话，虽然无法闹清楚每一个词的意思，但却是可以明白什么意思。这也算是武汉话的特点，虽然不一定能解释话里的每一个词语，但组合在一起听，外地人却都能大致猜个八九不离十。

21.“你服不服周？”

“就是不服，死都不得服你这个周！”

——老子教训儿子，对他屁股一边打一边狠狠地问道。儿子边哭边高喊高叫，由他嘴里吐出的这个词格外生动。

“服周”之意是指“服气”，“周”字有时也读“zuo”音。这一“周”字渊源很远，一直可以延伸到古老的周王朝时代。“服周”带有服不服周天子的意思。为什么这么说呢，因为周王室式微，楚人喊着口号，不服周，表达对当权的不满。如此说来，它所蕴涵的文化意味就很有点深了。武汉人说话节奏快，常常如同吵架。两人一抬起杠来，很容易便面红耳赤，双方皆吼声如雷——你服不服周？在武汉街头，但凡有争吵便能听到这样的话语。

22.“晓得有几烦人啊，两个人霉得像腐乳。”

——老太太对着小孙子远去的背影喃喃道，原来小孙子刚坐下做作业，就听到隔壁的小伙伴喊他出去玩，这两个小家伙是总形影不离，真让老太太操碎了心……

“几烦人”是武汉人的一句口头禅，当一个武汉人说一件不开心的事，或表达自己不满时，往往用这句口头禅来开头。而在武汉方言中，把暧昧的关系或行为叫做“霉”。“霉得像腐乳”可见关系不一般呀！

23.“这个人尖得要死！昨天晚上起了篓子，牌桌上就他一个在和。”

——武汉人嘲笑一个人小气，便说：“这个人尖得要死！”或“这个人几尖哟”。“起篓子”是“运气好”的意思。

“尖”是“小气”的意思，此字本意就有一种锐利之感，形容物体或声音。而用在一个人小气、吝啬的行为上，是十分别致，一字之间形象备至。武汉人打麻将，喜欢加“听用”，叫做“癞子”，输赢容易整大。所以朋友在一起越赌博感情越淡薄，少了闲心大家都计较输赢。

24.“连小张他们都来了，你又不来跟我抬个庄。”

——老马最近大摆筵席庆祝自己六十大寿，结果有几个老朋友没来，让他很不愉快，这不在电话里又抱怨了。“抬庄”是“给人面子”、“帮着喝彩捧场”的意思。

武汉人尤其要面子，跟他们打交道一定要顺他毛摸。别处的人要面子也要实惠，武汉人则好像只要给面子就可以不讲实惠。在武汉人的预算里总有一笔钱是可以无限开销而不心疼的，那就是“面子钱”。于是结婚要大办喜筵、家里添丁、孩子升学也要大肆庆祝，至于过节就更不用说了。平常俭俭省省的人家，一旦逢年过节或者和别的亲朋好友一道，花起钱来也就决不手软。

25.“我屋里隔壁的，下了岗，每天就在外头撮虾子，开“麻木”的士。”

——江岸堤角，一群街坊围着石凳，家长里短对邻居评头论足。“撮虾子”指无正当的固定职业，靠东跑西颠打杂工取得钱财过日子。武汉人嘴里的“麻木”多指那些无餐不酒、无酒不醉的人物。“的士”则是经香港传来的外来语。

武汉人将人力三轮车载客称之为“麻木的士”。在早些年，每天几万辆“麻木”穿梭于大街小巷，构成了武汉街头一道独特的风景。2003年武汉市政府下决心“禁麻”，让上十万辆“麻木”在城区内消失。不过这几年消失的“麻木”，在硚口古田地区、江岸堤角、汉正街等一些地方又能看到踪影。但现在坐“‘麻木’的士”远非几十年前那么荣耀，大约需要一些勇气。一旦坐上去，可能获得更多的是路人冷眼。

26. “几烦人呢，马路本来就窄，还尽是挖地老壳的！”

——几个下班的银行职员，穿越航空路，周围全是电玩和打火机的地摊，于是她们抱怨道。“挖地老壳”指在马路上摆地摊的小贩。

武汉随便哪条商业街都有小贩摆地摊，摆摊已经成了普遍的谋生出路，武汉最闻名的汉正街最早就是“以街为市、以地为摊”的大地摊。而各类专业市场不过是集中化的摊子：沿江大首的水果摊群，武圣路的图书摊群，前进四路的CD摊群……武汉扫不尽的地摊，透露出这个区域性大集市的本色。

27.“本人算是标准武汉伢，吃热干面长大，离开武汉伙起来冒得半年。我也晓得方言这个东西肯定不是静止不变的，但现在变得哥婊子的也太快了，快得让人来不及咀嚼和回忆。”

——在单位里，一个老武汉和小同事忆苦思甜，说到武汉话的前生今世，话语里充满着忧伤和怀念。

武汉话这几年是在变。纯正汉味最盛年代当在20个世纪70年代末，原本相当有框架的汉腔俚语经过解放后三十载的“封缸发酵”，新腔老调毕于一炉，名堂鬼话备极一时，工厂学校街头巷尾男女老少，无不感受汉腔俚词的润泽，用武汉话说一个字叫：闪！那个时候习焉不察，没想这有味的方言现如今会散了条，而且是散得七零八落面目全非。

28．“夹生个么事吵？拉个少你地撒。”

——武汉的小商贩特尖。你去买东西，你可得小心啦，要是你稍加不注意，东西就会缺斤少两！如果你发现了再回来质问。凡此时，他们往往把嘴一撇，说：“拉个少你地撒。”要是你不识趣再多说两句，就得听听噼里啪啦地一通辩解。

“夹生”是武汉人一句喜欢挂在口边的骂人话。通常的夹生是指煮饭或其他食物因火候等原因被弄得半生不熟，武汉所说的“夹生”主要针对一些喜欢挑人毛病和办事不好说话的人，有时对那些不管做什么都高不成低不就的人，也喜欢斥为“夹生”。

29.“快点起个绝早把你的电脑扛到江边扔到江去，千万莫让人看见了，掉不起那个底子您！”

——信息时代电脑升级太快，眨眼间就过时了。你看看，办公室主任用的这台老机器，又被同事们当笑柄了。

武汉人嘴上功夫强，外地人初次与之相处，便会觉得他们无比豁达幽默，但很快就会发现他们光是嘴壳子硬，很多地方禁不住推敲。

29."我这个人从来不屁，带你到步行街，淘衣服去。逛完了，在别克乔治请你吃西餐，不是跟你丢弹子的。"

——在汉口武商广场门口，一个汉口的女人，给一位在武昌的朋友打电话，热情邀请到汉口那边去玩玩。"屁"是小气意思，"丢弹子"是骗人的意思。

对于汉口女人来说，打扮是上下班路上即可解决的事情，而武昌女人就得耗上一天时间，因为过一条江好难。有时汉口女人对武昌女人还有点蔑视，汉口女人遇到看不顺眼的武昌女人会骂她"土包子"，而武昌女人看的大嗓子说话、嗑瓜子的汉口女人也是一脸不屑。

第八节　偷听沈阳

大清王朝的印记

提到沈阳，总会想起冰天雪地的冬天，凉风习习的夏天。这座四季格外分明的城市，自古就是重要的军事要塞，从汉时建立的侯城，到唐代改名为沈州，再到元朝在沈州废墟上建立了沈阳。

待努尔哈赤在1625年把后金首都迁到此地，沈阳一跃而成为帝王之都，也从此而深深烙上了大清王朝的印记。1634 年皇太极改沈阳为盛京，1644 年大清迁都北京后，仍以沈阳为陪都。

进入近代，沈阳和张氏父子及日本人扯不开关系。“东北王”张作霖在这里号令东北。皇姑屯事件发生后，“大帅”含恨而殁，“少帅”张学良宣布“东北易帜”。1931 年日本人发动了“九一八”事变，炮轰北大营、占领沈阳城，此后被日本侵占直到抗战结束。

至今沈阳城还留下不少日本人的痕迹，最明显的特征就是城市广场了。说是广场其实是几条马路的汇接处，不像其他城市是十字路口而是米字路口，据说是象征日本太阳旗，城市道路都是由此为中心呈放射状的，所以这广场的周围好多路都是斜的。

了解“天佑盛京”的沈阳城，大清历史是最好的观照对象。所以，来沈阳一定要去看的历史遗迹，就是满清王朝留下的沈阳故宫和福陵、昭陵。这儿是大洲龙兴之地，又安葬着太祖太宗两朝皇帝。因此康熙皇帝改盛京为奉天，乃“奉天承运”之意。

沈阳故宫是除北京故宫外，我国仅存的一座皇宫建筑群，是清入关前以八旗制度为核心的军政制度在建筑上的反映。福陵和昭陵则是闻名遐迩的关外三陵中的两个，具有中国古代建筑特色和浓郁民族色彩。

要解读沈阳这个城市，除沈阳故宫外，西塔社区和铁西区是另两个不可忽略的标志性符号，分别代表着这个城市的别样的文化特征。

西塔街是朝鲜族聚居区，这里很有韩国味，大街的招牌几乎都是韩文，店里放的大多是韩语歌。改革开放以来伴随韩国资本的大量注入，发展迅速的西塔被称为“小汉城”，现已经成为东北乃至全国朝鲜族的购物市场、劳务市场以及娱乐场所集中地，仿佛是一个“韩流”中转站。正宗的韩国美食和服务也紧随而至，从穿着到语言到服务，几乎都是韩国的翻版。街区内与周围风格迥异的高低建筑，让人仿佛进入异域而流连忘返。

铁西区是我国最著名的传统重工业区，早在日本侵略时代就奠定了工业基础。新中国成立后，一度被称为“共和国装备部”，为国家工业做出了重大贡献。然而，在市场经济大潮冲击下，如今这里显得委靡不振，大部分工业企业停产、半停产，成为有名的“下岗一条街”。在振兴东北老工业基地政策下，铁西区又建成了东北最大的汽车贸易集散地，号称“汽车一条街”。这里的困境和机遇，也体现这座老城在新世纪面临的困难和机遇，繁华而又没落，是沈阳这个城市的印象，它是一部写满大清血统的史书，从当年的努尔哈赤到皇太极，从科尔沁草原到沈阳，从一个游牧民族到厉兵秣马，再一统大明江山，是谁见证了大清那些事儿？是谁默默守护着逝去的文明？又是谁至今孤然耸立。言至于此，剩下的，就留给后人去缅怀吧！

美酒加面子

讲起沈阳人，不得不提的是两件东西，那就是“酒”跟“面子”。酒是沈阳人生命中最不可少的，家里有丧事要办酒，有喜事要请酒，朋友聚会要劝酒，累了乏了要饮酒，不得意时要灌酒，生活滋润了要品酒。沈阳的男人女人都会喝酒，这不是什么新鲜事。一般人的酒量都在半斤以上，着实海量。面子问题则更重要了，所谓“爱情诚可贵，自由价更高。若为面子故，二者皆可抛”。

而酒与面子一旦拜了天地，场面不是一般的热闹了。不信我们看一看沈阳人家里来客的场景。客人来了，家里人就要放下手头所有的事专心招呼客人，因为招待的不好是很丢面子的事。

正所谓“无酒不成欢，无酒不成席”，当然少不了最重要的角色——酒。主人招呼客人落座停罢，开口第一句话就是“薄酒一杯，不成敬意，干！”话音未落，已一饮而尽，然后再倒置空杯示众，以表明自己够朋友、够哥们。以此为序曲，这场剧就这样拉开了帷幕。

吱溜一盅酒，吧嗒一口菜。喝酒当然需要下酒菜，沈阳最有名要数猪肉炖粉条和酸菜汆白肉。“翠花，上酸菜！”酸菜就是大白菜，因为这疙瘩冬天冷，最冷的时候零下好几十度。以前到了冬天吃不到新鲜蔬菜，家家都要储藏很多大白菜，而大白菜怕冻，于是就在过冬时先把大白菜腌起来。在白雪皑皑的季节，屋外寒风刺骨，屋内温暖如春，炉子上炖着一锅香喷喷的酸菜汆白肉，围着锅在乐呵呵的猜拳喝酒。

酒过三巡后，再听场上主客互相劝饮的声音“先干为敬”，“不喝不给面子啊”，“喝，干了，看得起哥们就全干了”……然后又是一阵酒酣耳热，人与人的感情交流也在这敬与劝之间得到升华。在这如果你能喝酒，或虽不能喝酒却敢豁出去，那肯定会得到些补偿，比如赢得他人对你的信任，认为你是一个实在的人，你以后有什么事要办都开绿灯。

沈阳男人是东北人性格的代表，其不胜不归的心劲体现为一种比野生东北虎更勇猛，比牛皮筋更柔韧的硬汉精神。他们有较为强烈的建功、立业、扬名的心劲！还有一个特点就是热情豪爽，行侠仗义，这不"东北人都是活雷锋"就是对这种性格的最好解释。

相对而言，沈阳女人的可爱之处正是她们的大气与坦荡，她们喜欢浓妆，和这个城市一样喜欢浓重的口味，清蒸菜和略施粉黛在这是被看做是索然寡味。与沈阳女人出去吃饭千万别只顾低头数你碗里面的馄饨够不够数！她们可以流着泪看自己的爱人冲锋陷阵，甚至在关键的时刻与之同生共死，但绝对不会要自己的男人围着锅台打转转。

咱沈阳话从来就贼逗

距离沈阳不远的一个"大城市"铁岭，出了一个大人物叫赵本山，自从1990年他登上CCTV春晚，沈阳这一带的东北话通过春晚晋升为文艺界主流方言。之后雪村《东北人都是活雷锋》火红，平时土气十足的东北话忽然摇身一变，成为一种全新的时尚。每个人都以把那句"翠花，上酸菜"说得最地道为自豪。

沈阳话是东北话中的一支，主要在沈阳城区和郊区通行的土话。沈阳话同沈阳人憨厚、淳朴、粗犷、豪爽的性格密不可分，都具有刚健、清新、质朴的特色。在语音、词汇、语法上，沈阳话与北方方言特别是北京话，有许多共性，即语音比较简单，语汇大同小异，语法基本一致。

但也有其差异性，如在语音方面，沈阳话在z、c、s与zh、ch、sh不太好区分，像“四、十、四十、十四、姓施、姓司”这样的字词，在沈阳话中区分起来比较困难。再有缺少r声母，“日”与“意”也不容易说得分明。

在词语方面，沈阳话有大量的方言词汇是普通话所不具有的。如“天气”，沈阳话叫“天头”，“太阳”叫“日头”，“葵花籽”叫“毛嗑”，“说话”叫“唠嗑”，“乌鸦”叫“老鸹”，“鹰”叫“老鹞子”，“手套”叫“手巴掌”等等。语法方面，沈阳话中常喜欢用倒装或追加句式，如“吃了么，你”、“十点了都”、“干啥玩意儿，你？”

土生土长的老沈阳人多操带地域特点较浓的老沈阳话，俗称“大北关味”或“苣荬菜味”。说老沈阳话时，男人的语调低缓，鼻音浓重，嗓音浑浊，并时有含糊吞音现象；女人则声调高扬，口音清晰，语速较快。老沈阳话土音土词多，如把“做什么”说成“干哈”（啥），把“上那去”说成“上那旮沓”等等。

中年以上的沈阳人，在家里或与其他沈阳人交谈，多用家常体的老沈阳话。在社交场合则使用土腔土语较少的“沈阳普通话”，即新沈阳话。新沈阳话节奏较快，语调简单，语音清晰。多年居住在沈阳的外地人，尤其是其他地方的东北人，以及沈阳的青年人多操新沈阳话。沈阳的年轻人也常喜欢标新立异，他们不断创造一些新的“土语词”，如“耍呢”、“忽悠”、“扔大个”、“老硬”、“潮”、“贼拉好”、“掉价”、“铁子”、“少扯里根扔”等等。

沈阳话最突出的特点，就是能够表现出沈阳人的人格魅力。在外地常听有人这样说：“沈阳人很豪放，说话、办事贼实在”。沈阳人的性格及其生活习俗，造就了沈阳话，所以，沈阳话已成为沈阳人豪放性格的标志。其他地方说的“下三烂”，在沈阳话中则为“下耻赖”。“耻赖”二字，从字意上比“三烂”的褒贬更加明确，体现出沈阳话深厚的文化内涵。

研究沈阳话多年的马宗礼曾这么说起沈阳人："咱沈阳人老厉害了。咱刚才说的这一古路话，你们别以为我神叨叨的。沈阳人绝对实在，为振兴东北老工业基地，沈阳那疙瘩的人就是不白给！"他刚说罢，周围的人们情不自禁地热烈鼓掌，还有人戏谑地说："沈阳人讲话贼逗。"

城市发声

1．"这次又完了，一点也没抄到，这个考场老师贼败家，看的可紧了，唉，还得补考。"

——放学路上，一个中学生对身旁的同伴恨恨抱怨道。

"贼"字在沈阳话里可不仅仅只是小偷的意思，字典里还专门为它列了条解释，标明了程度副词"很"的作用。于是，才有了"贼多"、"贼冷"、"贼漂亮"、"贼牛"等沈阳话。比如碰见人问对沈阳印象怎样，就可以回答："贼拉好！"

2．"哼，瞧她那得瑟劲儿。"

——科室里一位刚升官做了主任，小姐妹们背地酸酸地议论着。

酸归酸，沈阳女人还是性格直爽，说话坦白，有着关外人特有的豪情。和沈阳女人交朋友，她会和你推心置腹；可如果你们是敌人的话，那会是件很尴尬的事了。

3．"不了，没时间玩啊，现在都在马路上漂移。"

——沈阳某公交车司机跟朋友打电话时如是说道。

好家伙，改在马路上漂移，果然彪悍，就是不知道车上的乘客听到后会是何感想了。为了人民群众的安全着想，看来还是尽早把这位司机朋友送回赛车场比较好。

4.“几点下班啊？你看这耳朵都冻红了，把帽子放下来啊。”

——十字路口等红灯时，一位大娘和交通协管员说道。这种具有亲和力的语言，让人听后如春雨般的滋润。

当年雪村一首《东北人都是活雷锋》唱红了大江南北，让我们真切领略到了东北人的热情爽朗。这片温度最低的冻土上，偏偏有着火辣辣的人情，难怪身为湖南人的雷锋，却在鞍山、抚顺这带做好事出了名。离开雷锋的日子，沈阳人却把雷锋精神继承。你瞧，这活雷锋式的声音就如同一处天然而成的美景，没有丝毫人工雕琢的痕迹，一切都是那么清新流畅，让人久久地回味直至沁人心脾。

5.“东北有四宝，人参，貂皮，乌拉草，五里河球场就是好！”

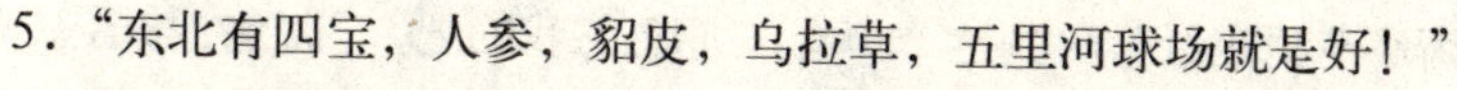

——这是2001年10月7日，沈阳五里河球场传出的声音。现在这句话只能留存在球迷的记忆中，因为五里河球场已灰飞湮灭了。

沈阳是一个曾经让无数球迷们热泪盈眶的地方！几年前，中国男子足球就是在这里史无前例地出线，第一次打进了世界杯决赛圈，沈阳五里河球场也就理所当然地成为中国足球的一个标志。而当时让全中国球迷心潮澎湃的不仅是国足的胜利，还有沈阳球迷、沈阳人的热情、豪爽和激昂。虽然后来国脚们还是一场未胜，一球未进地回来了，但总算告诉大家，原来男足还是有那么万分之一的可能性。可惜这个球场却在2008年2月的一声巨响中化为乌有，这儿要建立新的商业区。

6.“以往这古路儿能泥八酱的，现在扎古多了。”

——老爷爷带着孙子走过一条四通八达的大马路时，不无缅怀地对小孙儿说道。

看不懂吧？看不懂就对了，这句话是用老沈阳方言说的，现在有很多人不太明白，翻译成大白话就是说“过去这段路很泥泞，现在打扮、治理的好多了。”这个小孙儿铁定也听的云里雾里，然后一脸好奇宝宝的样子看着爷爷了。

7.“那次卖拐把他忽悠瘸了，那次卖车把他忽悠捏了，今天在十分钟之内我要不把他摆平，我就没法跟你们俩当教师爷了！”

——在获得两场完胜的记录后，这是大忽悠与范厨师的第三次对决。

忽悠，在辽宁话里就是丧失诚信，一味讨好某人或骗取他人的不符事实的语言行为。这个词随着本山大爷的演绎而风靡全国，即使在南方大街小巷里也经常听到这个声音，“你忽悠我的吧”，“忽悠，接着忽悠”，可谓是“风声雨声忽悠声，声声入耳”。

8. “你信不信，我爸是局长，肯定管你！”

——说这话的是沈阳的一个男孩。话说这名男孩在沈阳一家酒吧点了四百多块钱的食品，到了结账的时候，男孩说：“我没钱。”老板当然不答应了，没想到，男孩竟然说：“你信不信，我爸是局长，肯定管你！”说完立马拿起手机给老爸打了个电话，说自己吃东西没带钱，被扣住了，让老爸赶紧过来。酒吧老板当时就愣了，只好让他走了。

可没想到，一个多小时后，男孩杀了个回马枪，带着十多个人在酒吧里一通乱砸，一边砸还一边说：“我们上哪吃饭也没花过钱！”有道是老子英雄儿好汉，局长什么样，看见儿子我们就知道了。

9. “吸烟伤肺，喝酒伤胃，桑拿太贵，到歌厅高消费，打麻将赌博干扰社会，买点彩票经济又实惠。”

——这是铁西区的一处福利彩票销售现场，工作人员正在向下岗工人推销所说的话。其实是句电影台词，这部电影是王兵导演的《铁西区》，获法、日等国最佳纪录片奖。

淳朴的中国人手里终于有了那么点闲钱，这时怎么消费就成了个恼人的问题，既不能扰民又不能伤身，最好还能有回报。就那么点，买房子只够砖头钱，买股票跟打水漂无异，买彩票去，经济实惠不说，没中也能当献爱心支助贫困地区，何乐而不为呢？

10. “都说我长得寒碜，不过我妈挺稀罕我，我妈说小时候带我去公园，老多人围着问我妈：‘大姐，你这猴哪买的？’”

——赵本山高徒小沈阳在舞台上如此打趣自己。男扮女装，大浓妆，别发卡是小沈阳的标志性扮相。这位搞笑天才，也把这片土地上的人

骨子里的幽默展现出。

寒碜，东北方言、土语，也即丢人，没有面子，或者形容长得难看。比它更进一层的是砢碜，虽然意思一样，但语气较重一些。举个例子，某家办丧事，参加完仪式的人回来之后，若人家说“事情办得真砢碜”，那么别人就会推测了，是不是出现了诸如诸子为争夺遗产当场打起来，或者情妇跑到现场要遗产之类的事情，所以很不好看，让人脸上挂不住了。

11.“你这混小子，倒是蛮能干大事。”

“我不帮你这个小杂毛，谁来帮你。”

——在一酒吧，张三帮了李四的忙，李四觉得很实在，很哥儿们，免不了要打过来一拳，骂道。而张三倒也很实在，很哥们儿，回敬一拳，应道。于是大家都很快活。这也符合沈阳人的性格，不骂几句，恐怕令大家觉得不太舒服。

沈阳人讲义气，但又往往以粗犷、野性的方式表达。沈阳人的豪爽耿直在全国是闻名的，所以对沈阳人只要能顺毛摸。一根肠子通到底的沈阳人，干什么都求个嘎崩脆，爱就爱了，恨就恨了，要的就是这风风火火的痛快劲儿！

12.“你说这可咋整啊，他一天老缠着我，我是一点儿办法没有了。”——公交车上一美女正跟朋友打电话诉苦，此时她身后的一个男子也在打电话说：“我也没上杆子找她啊。”得，这两位自己就搭上话了。

咋整很明白，就是咋办的意思，不过这里的上杆子可不是真的爬上杆子找女朋友哦，上杆子在沈阳话里就是过于主动的意思，还有句俗语就叫“上杆子不是买卖”，何解？基本类似于热脸贴了个冷屁股。不过，看上头那两位说话语气态度都这么一致，干脆自产自销，在一起得了。

13.“看你那熊样，一天到晚个二椅子似的，还盯把看女孩，叫你发言你还吭哧瘪肚的说不上来。”

“那也比你强呀，你一天欠儿登似的，哪有事哪到，写点作业磨磨叽叽的，还劲儿劲儿地说别人。”

“你俩到一起就是叽咯浪，以后你俩都给我消停点，边拉站着，下晚儿放学把戈能到了。”

——以上是两个小学生在拌嘴，然后惹火老师的经典场面。一个说另一个不男不女的样子，还整天盯着女孩子看，上课发言都说不利索。

另一个马上回嘴，怎么都比你强，一天到晚哪有事哪有你，做事磨磨蹭蹭。

上课时这么闹腾老师当然火啊，数落两人道：你们两个凑到一起就是拌嘴，都安静点，旁边站着去，晚上放学把垃圾倒了。这一番对话下来可谓将沈阳话发挥到了极致。

14.“请你占有我！这叫啥啊？还占有你？不就想让看见的人胡思乱想吗？”

——在沈四高速路一个收费站附近，有一个高10米左右的硕大蓝色广告牌，上写着斗大的宣传语，正面是“请你占有我”，背面是“实在挺不住了”。

马上有人说：“这叫啥啊？还占有你？不就想让看见的人胡思乱想吗？”也有人说，“这个创意不管别人咋说，反正我是记住了。”最后别管谁说的，您都还得听《广告法》的，这明显就是违法广告！不如直接写个：请你拆了我！

15.“瞅你蹲那旮旮，埋了巴汰的，你仰了二正的撒莫啥呢？你彪的呼的，傻了吧唧的，你说你咯不咯应人呀？叫你唠两句嗑整的糊了半片地，叫你干点活突了反账的，动不动就在内旮旮瞎咧咧，你当谁得意你哪？叫你吃个大饼子吧也不喝点水就在那里干噎。你别在那穷雇佣，得瑟啥呀，不知道寒碜人哪！还在那磨叽啥呀？还不麻溜的回家歹饭去。”

——话说有这么一对老两口，老头早上蹲在旮旯里抽烟，让老太太瞅见了，于是老太太就这么嘟囔老头。

看完佩服吧，人老太太愣是不带顿点，麻溜麻溜地一口气给说出来了，别说外地人，就是本土老沈阳在旁边听了，也只能愣哼哼地道一个“服”字。不过，看两口子感情肯定不错，再估摸着老爷子性情也比较好，听几十年了都，早习惯了。

16.“钱多了就应该多养几个孩子，帮自己消费消费。”

——酒店这桌是一家孩子的满月酒，觥筹交错好不热闹。这时主人站起来答谢来客了，也许是几杯老酒下肚，腆着肚子竟说出实话了。原来这家孩子是二胎了，一听就知道是个财大气粗的主。

有报道说，自2000年以来，沈阳市人口和计划生育委员会先后查处了近千例计划外生育的案件。而在这支超生队伍中，高收入人群的数量正在急剧增加。在这些“超生新贵”中，绝大多数为私企老板和个体经营者。都知道对于超生者，往往采取纪律处分的行政手段和交纳社会抚养费的经济手段进行处罚，可对于真正超生的那部分高收入人群，十几万的社会抚养费只是小菜一碟，所以有人说了上面的话也不足为奇。

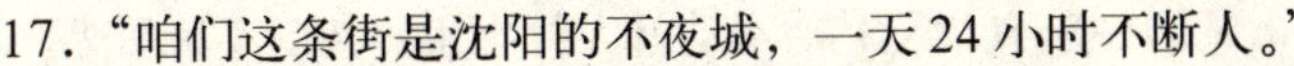

17.“咱们这条街是沈阳的不夜城，一天24小时不断人。”

——尽管已是午夜，西塔街内仍旧灯火辉煌，晋州、全州、雪岳山等富有韩国意蕴的商家一家挨一家。刚进入一家韩菜馆，身着韩服的女孩就向宾客鞠躬致意，老板热情地过来招呼道。

这条西塔街是沈阳著名的朝鲜族聚集区，这里清一色的韩式建筑、韩式餐馆、韩式游乐，是全国规模最大、味道最正宗的朝鲜族风情一条街。每天下午5点才开始热闹，这种热闹一般会持续到后半夜。在沈阳，半夜还能堵车的地方也就只有西塔，来这里唱歌或用餐，不提前预订根本就没位置。西塔让沈阳拥有了白天和黑夜两张完整的现代城市面孔，也只有西塔才能算是真正的不夜城。

18.“刘某一贯横行立棍……”

——本语出自前些年沈阳市法院的判决书上。法院判决书？对，你没看错，是法院判决书。“立棍”一词在沈阳并非黑社会独有的切口，而是一度非常流行的民间语汇。

斗狠、义气、家族，是解读沈阳社会不能忽略的三个关键词，与非法利益并行，这也是当地黑社会形成的主因。沈阳人性格强悍，在公共场所、闹市区因一点点纠葛，动不动就大打出手，甚至不计后果，发生伤害人命案。暴力行为在沈阳的特色，集中在“立棍”概念上。“立棍”的意思跟“笑傲江湖”差不多，在语言色彩上还要更酷一些，有挑战天下、不遗世却要独行之意。实际上必然会有人出来迎战，即所谓与“立棍”对应的“撅棍”，意思是你就立吧，我给你撅折喽。

19.“过去是三个月种田，一个月过年，八个月干闲；如今是三个月

种田，一个月过年，八个月挣钱……”

——郊区沈北农民感叹道，今天和过去在这句顺口溜中对比明显。随着城市化进程加快，东北人多年的生活旧习也随之改变。

过去东北人有“猫冬”的习惯，虽然到了冬天，仍然有很多挣钱的门道，但外出干活实在太辛苦，天寒地冻，雪深没膝，虽然能够挣到钱，却不如在家里待着舒服。如今随着经济不断发展，沈阳下面于洪、东陵、苏家屯、沈北四个郊区的城市化率不断加强，农民们变成为新市民，以往的日复一日的生活习惯也随之改变。一年其他几个月有搞第三产业，有的开商店，有的摆小摊，有的搞运输，有的打短工，都不再干闲着“猫冬”。

20.“昨儿跛跞盖儿卡马路牙子上了，蹭凸撸皮儿了，埋汰了扑漏扑漏，出能后竟定嘎巴儿了。”

——姥姥看到小孙子膝盖上有伤，心疼的不得了，当然要问怎么回事了，孙子这么回答道。翻译过来大致就是这么个意思，“膝盖磕马路沿儿上了，碰破了皮儿，脏了拍一拍，出脓后就结痂了。”膝盖都能磕到马路沿儿上，这路走的也忒不小心了，万一压到花花草草的也不好嘛。

21. “妈了个巴子的，不知道谁在老子身上放了三辆自行车！！！”

——三个年轻人在街上偶遇，聊起前几天一起喝酒的事，其中一位这么说道。

事情其实很简单，沈阳人好酒，三个人凑到一块喝的那是酩酊大醉，其中一个在回家路上实在忍不住了，就在路边睡着了，另外两个人抬也抬不动，于是就商量着给他找点东西盖上，可别着凉了。几天后，三个

人相见，就问露宿街头的那位："内那天咋样啊，没着凉吧？"被问者就这么回答道。

22．"熊样！打小儿就看你是个歪瓜裂枣，成不了银人！"

——只见涨物价，不见涨工资，房价还在"俯卧撑"，青梅竹马的两口子在生活的重压下，经常性会忍不住"叽咯浪"。妻子一时火起，当年怎么看怎么顺心的帅小伙儿，现在怎么看怎么闹心了。都是钱整的，这年头，谈钱伤感情，谈感情伤钱哪。

23."师傅，来盒烟。"

"等会儿啊小伙儿，这张儿整不好就是炮儿啊！"

——谁说只有成都人喜欢打麻将，咱沈阳人也好这口。对于在牌桌上正聚精会神的老板来说，打好一张牌可比做成一笔生意重要。

在马路边喝几杯雪花扎啤，吃鸡架，啃大骨头，在小区里常常有人赤膊打扑克，这是沈阳市民生活的典型场景。

24."这我可纳闷了，电影和二人转在这受的待遇差距咋就这么大呢……"

——沈阳北市场的二人转剧场，几乎每天密压压挤满了人，去迟了就得在过道里站着。一位外地听众听说原来这是一个电影院，生意不好改成二人转剧场，就惊讶地用范伟似的语气说道。

二人转在沈阳非常受欢迎，这源于民间的草根艺术成了沈阳人生活中不可缺少的一部分。二人转是在东北大秧歌基础发展而来的民间艺术，在台上小两口打情骂俏、说学逗唱，非要幽默风趣。赵本山就是二人转演员出身，以喜剧小品成名后，他极力推广二人转，沈河区中街“刘老根大舞台”就是来自他的创意。

25.顾客：“这鞋子暖不暖啊？”

售货员：“可暖了，拥有三大科技，防滑，防扭，最重要的是防风。”

另一位顾客：“这鞋子透气不？”

售货员说：“这鞋好啊，拥有三大科技，防滑，防扭，通风性好。”

——一双鞋子，两个顾客，两种说法，硬是能有两种说法，瞧这售货员舌灿莲花的，硬是把顾客忽悠的一愣一愣的。虽然现在生意难做，但最起码的职业道德还得遵守吧，看人家打劫时也不忘说：“严肃点，没看这是打劫吗？”

沈阳话极其具有煽动性，那股热乎劲头让你不知不觉被感染，让你无法相信这说得不是事实。上面这口才让人想起了《卖拐》的，不瘸也让他忽悠瘸了。有时那种夸大和过分，让你觉得欺骗也是那么幽默。

26.“可劲儿造啊！”

——主人在家请人吃饭，十碗八碟的弄的客人过意不去。主人却豪迈地大手一摆，说道。

沈阳人待客讲究一个“大”字，实实惠惠的锅包肉、酱牛肉、小鸡炖蘑菇、猪肉炖粉条……大盘大碗堆得满满一桌子，甚至还要层层叠叠地摞起来。似乎只有这样，方能显出诚意。

27.“咱爸咱妈身体还好吗？有机会要和咱爸好好喝几杯。”

——才见面第二次，沈阳小伙子就对外地姑娘这么说。这下姑娘纳闷了，都不知道怎么回答是好。又不是他媳妇，凭什么刚见面就这么热乎，把别人爸妈当自己的。

沈阳人在唠嗑的时候常说咱爸咱们咱家，你千万不要以为跟人家是一家子，人家说的是我爸爸我妈妈我家，用咱是为了显得亲近。开始听沈阳人这么说肯定不习惯，心老往俺爸俺家上想，听多了也就了。“咱”是沈阳人对第一人称的叫法。咱爸咱妈咱家透着一股子热乎劲。从一个简单的字眼里，折射出沈阳人一个侧面的性格，只要言语投机，他们能在最短的时间内和人称兄道弟，敞开胸怀接纳你成为“咱家人”。

28.“俺们那疙瘩的人老厉害了，各个都贼实在，干活风风火火，有时说话五雷嚎风的，跟人生气有时也会支把起来，但过一会儿就屁事没有了。”

——火车上几个邻座的中年人正天南地北地神侃，这时其中的沈阳人说话了。沈阳人天生就有敢打敢拼，天不怕地不怕的因子，要说这是匪气也可以。瞧这话说的，贼地道，把沈阳人的实诚、豪气、大度以原汁原味的沈阳话表现的淋漓尽致。

29.“别谈钱，一谈钱感情就远了。”

——走在大街上，耳边又传来这样熟悉的话语。这句话在这座城市很流行，在各种各样的场合都可以听到。几乎沈阳人都不相信这是真诚的，大家认为这只是一句无任何意义的客套话而已。

但是很多外地人听到这句客套话，却可以从一个侧面反映了沈阳人重义轻利的心态。沈阳人讲义气，性情豪爽，为了朋友甘愿两肋插刀，把友情看得比命都重要。沈阳人心眼都挺好，交朋友遇到知己能把心掏出来。

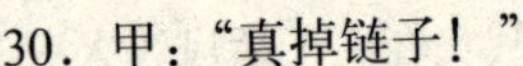

30．甲：“真掉链子！”

乙：“咋地了？”

甲：“你噶哈出溜那些不着个吊的话呢？”

乙：“爱咋地咋地，你有法使去！土戮咖说话就这德性。”

甲：“犟种！”

乙：“咋地？你整事儿呕？也不看看今天啥一子！”

甲：“你这银，咋这么胡搅蛮缠呢！你看你出溜那些话，整个是来大潮说浑话，砢不砢碜呢，你咂好赖不知呢？”

乙：“你像个明白仙儿似的，用你教训啊！”

甲：“你小子可真不咋地！你都老大不小了累，吊儿郎当地，谁叫黄花丫头能看上你！”

乙：“你放心，指定打不了光棍得累！找不着小的，我就找个老太胯。”

甲：“给你出息个豹！就这点章程。”

乙：“你多牛比！看你家里的妻子，老蒯！”

甲：“你嘴别太做损呕！”

乙：“七家不管八家事，你去一边凉快去，别给我这穷搅和。”

——两兄弟几瓶“马尿”下去，开始互相数落。

又是一段天地惊鬼神泣的叽咯浪，光解释词就得半天。真掉链子：失望；咋地了：怎么了；出溜：顺嘴胡说；不着个吊：不正经；土戮咖：原意为土圪垯，转义指农民；犟种：死心眼子；一子：日子；来大潮：说浑话；仙儿似的：聪明人；老太胯：老太婆；给你出息个豹：得意像豹子一样；章程：能耐；家里的：妻子；老蒯：罗圈腿；搅和：捣乱。你说这要是来一南方人，谁听的懂啊。不过令沈阳，甚至整个东北人费解的是，大家都是方言，凭啥子人说粤语就是流行，俺们说东北话就是土呢？

第九节　偷听南宁

一个被遗忘的城市

提到广西的城市，人们总会条件反射似的想到桂林、柳州，而南宁对很多人来说却是面目模糊乃至遗忘。

南宁受关注的程度比不上东部沿海，也比不上西南成渝、西北西安，甚至比不上桂林与柳州。作为一个自治区的首府，南宁无甚像样的东西拿得出手，既不是旅游胜地亦无发达工业。

记得一个关于广西城市的笑话：老大是柳州，财大又气粗，又因为唐代柳宗元、现代“柳工”而声明远播；老三是桂林，桂林山水甲天下，娇俏可人惹人怜爱，人民币上都为其做广告，知名度自不待言；而那夹在中间的受气包老二，便是南宁。虽然是笑谈，但是也道出了南宁“养在深闺人未识”的尴尬。

其实一直以来，南宁都是处于一个外界隔膜的位置，古代因为绵延千里的五岭山脉的横亘，使得南宁成了瘴雨蛮烟的偏僻之地。“四时全似夏，一雨便成秋”的湿热亚热带雨林气候，又使南宁成了疾病和瘟疫的温床。古人到了南宁后一旦中瘴毒，据说口不能言，只能凿齿灌药，因而此地居民被贱称为“凿齿之民”。

在古代中国政治地理视野中，南宁和它所处的广西乃是蛮荒之所，是流放犯人的化外之地、瘴疠之乡。至今这种偏见的遗毒仍旧深远，在外面提到南宁或者广西，很多人印象还是停留在是穿着少数民族服装的落后地区，是天高皇帝远的贫瘠边疆。就这样，本位于南国的南宁自然被划为西部城市。

尽管古称骆越的南宁从晋代建郡至今已逾千年，还是三大越文化发祥地之一，但仍旧掩饰不了它因地理与政治边缘导致的文化荒芜。如果说古建筑是一个城市的记忆，是一个城市孕育和发展的见证，那么南宁的确是一座年轻的城市。南宁似乎没什么历史文化的景观，少了许多历史厚重和文化底蕴。

在南宁能感受更多的却是东南亚风情，这主要因为南宁与东盟各国还真是“同源异流”，比如湄公河壮语里即母亲河，与邕江同源；又如壮语，与泰语50%相似，民间沟通甚至不用翻译。

南宁在中国与东盟这棋盘上，是一个至关重要的棋子。现在南宁抓住了机遇巧作对接，凭借着民歌节和东盟博览会这两张城市名片，实现城市品牌的超常运营，拉近与东盟10国的情感距离。

风水轮流转，“三十年广东，三十年广西”，眼下广东和广西的发展发生了风水轮流转的现象。作为CEPA、泛北部湾经济合作、大湄公河经济区域合作、泛珠江区域合作等几大经济区的联结点，南宁悄然打出国际会务中心的旗号。

愈夜愈美丽

半夜三更，中山路的烧烤摊子毫无睡意，整个一条街上烟幕弥漫，全是友仔友女们呼朋引伴地围坐。所谓友仔友女是南宁人对朋友的独特叫法。南宁是一个包容性很强的城市，几个不管认识不认识的朋友，也许很快在烧烤摊上打成一片，坐在露天的大排档下，少了平日里的拘束，攥着一手的肉串就着啤酒大嚼，吆三喝四地摇着骰子划拳猜码。边吃烧烤边划拳猜码是常规节目，在南宁深受欢迎猜码比赛已作为全民参与的大赛举办了多届。

在南宁烧烤始终是人们热衷的“消夜”，即使是流火的七月，汗流浃背也照吃不误。南宁人烧烤的不但是各种肉类，瓜果蔬菜也次第登上烧烤架。烤猫烤老鼠烤韭菜，什么都可以拿来烤，还有“一鼠顶三鸡”的说法。

南宁人烧烤花样翻新，什么韩国的铁板烧、巴西的烤肉、新疆的烤全羊、右江的烤鱼、北海的炭烧生蠔、柳州的爆炸红椒螺蛳……这些技术全部兼收并蓄，东西南北中，只要味道好，南宁人都会张开双臂，成为南宁人品凉茶喝啤酒的美味。

对南宁人来说，亏什么绝对是不能亏待嘴巴。这个城市每年在郊外青秀山上都要搞个美食节，然后诞生一个又一个世界上最大的粽子、最大的月饼、最长的肠粉、最大的瓦缸汤……南宁从酸菜鱼到干锅狗肉再到黄焖鸡，一年一个流行菜。光吃个柠檬鸭，南宁人还要不辞劳苦地去郊外的高峰林场，到良庆去吃脆皮扣，到宾阳去吃白斩狗，到邹圩去吃鲶拐鱼……虽然在市区也吃得到，南宁人却说“不是那个味”。

南宁的夜生活不可不谓丰富多彩，即使深更半夜街上还是人来人往，酒吧、KTV的老板们笑逐颜开迎接四方客，路边的小店铺、推着小吃车的摊贩和摆地摊的生意人热情招揽着过往行人。一些“旺角”爆棚现象随处可见，到了周末更是到了人等人的地步。南宁人这么爱吃，仍然是瘦的人多、胖的人少，更没有类似那种移动的肉山的超级胖子出现。

这个城市的生活环境也好，即使是在隆冬季节，街头巷尾仍满眼都是碧绿。地处亚热带的南宁，永远没有木落山空、草枯地阔的苍凉。数九寒天，祖国的北方早已放眼尽是颓枝，南来的客人常常会惊讶弄错

了季节的。南宁不仅郁葱葱，而且异木奇卉比比皆是。遍步在街道两旁的芒果树、扁桃树、木菠萝等，让人仿佛置身于花果山，一阵风过来水果落下砸着你也是经常现象。在南宁香蕉树、棕榈树、荔枝树……都生机勃勃的生长着，一眼望去可以用“半城绿树半城荫”来形容。

在南宁想对心上人献殷勤，一定是“说的没有唱的好听”。作为少数民族聚集的地区，南宁人能歌善舞。一年一度的南宁国际民歌艺术节已远近闻名了，吸引了大批国内外的客人。

这个城市生活节奏就是慢，生活压力也要小的多，买间屋，挣份工，够花就行，每天晚上可以到路边店过起慢生活。要知道南宁这座首府两年前一二千元的房子还是普遍现象。南宁人的文化属于安于现状那种，说得难听点是不思进取，说得婉转一点就是小富即安，填饱了肚子，就满足于住在那几十年的老房子里，日出而作日落而息，没事就在家门口开张台和邻居家打打牌，聊聊天扯扯闲话又过一天，小巷里锅碗瓢盆叮当作响，炊烟袅袅菜香四溢……

这些都是老南宁人的生活，就是老南宁人的处世，他们没有强有力的文化，没有强有力的经济，加之没有强有力的人群，所以他们无法影响这个飞快发展的城市，他们只有被这个城市改变。

成都人说，休闲是一种境界；南宁人说，悠闲也是一种学问。南宁的生活当然有理由令人眷恋，她虽缺乏一种震撼人心的美，但却有的是那种家常的令人感到温暖的美。少了些贵族气，多了许多平民气息，让人感觉不到距离，有种贴心贴肺的舒适。

异彩纷呈南宁话

南宁人的话语自然有她独到的魅力。南宁人操的是粤语，当地人称之为白话。但由于南宁地处粤方言区和西南官话区交会处，还受平话和壮语的影响，使南宁话不同于广州话而精彩纷呈、妙趣横生。

南宁这座城市对外地人不设防，外来文化和外地人口很容易在南宁扎根。外来人和外来文化对南宁本土文化产生很大冲击，南宁人也很快接受。最典型的标志是南宁的普通话很普及，这在全国除了深圳外少见的。

初来乍到者要融入南宁的生活并不难，即使是听本地白话听得如坠云里雾里，只要你稍微露出困惑的表情，南宁人便会换上一口“南普”继续跟你滔滔不绝，事实上抑扬顿挫的南宁普通话已经成为南宁街头屡见不鲜的场景。

以经商、谋生或学习而迁来的“新南宁”，知道有白话这玩意，还会听，也许也会说，但他们平时几乎是用普通话，在家里也许还用桂柳话、江浙话、白话、平话……但只要出了门口，绝对是一口的“南普”。

在南宁，男女老少都能操一口臭青“南普”，尽管咬字和腔调有点怪怪的，但好歹总能让你听得懂。比如他说“我们应该鸡鸡喂鸡鸡，不鸡喂不鸡，细鸡也”，你总能明白他是在说“我们应该知之为知之，不知为不知，是智也”。

南宁人说话经常有尾音的，喜欢带“捏啊、喂啊、先啊”之类，常常爱在普通话中掺进白话，“官”“粤”合璧，别具一格。往往说着说着冷不丁地冒出一句白话，煞是好玩。

南宁是广西壮族自治区的首府，自然壮族人很多，官方统计有几十万呢。可是因为壮语是“土话”，在城市里是成不了通行的语言的。于是壮族人也都说普通话，但改说普通话也真难为人。因为壮语没有送气的声母，他们很难发这种音，说普通话时送气的p、t、k、j分别发成不送气的b、d、g、9。由于没有声母9，所以自治区便发成“四似9”。这显然受到了壮语的影响，人们把这种普通话称为“夹壮”。这样的“夹壮”普通话是存在w.h不分。z、c、zh、ch、sh归人5等特点，于是乎。“普通话”成了“补冬袜”，“老太太”成了“老袋袋”，“快快跑”成了“怪怪宝”等等。

很多壮族同胞也许“夹壮话”说得很流利，但往往使人啼笑皆非。比如有朋友远到，南宁人一般吃饭必上一盘田螺，讲夹壮话的主人夹起一颗田螺一看说：“公的！”便弃之，又夹一颗又道：“公的！”又夹又弃，嘴里不断嘀咕：“又是公的！”朋友非常惊讶，心里想南宁人厉害，连田螺公母都看的出！其实“夹壮话”是把“空”念成了“公”。

很多人对南宁有偏见，一种最常见的说法是：南宁话难听，粗俗没文化，口音不好，是土白话、夹壮话等等。对于“南普”更是口诛笔伐，认为既不利于文化交流，又影响广西人形象。不过，骂归骂了，那些骂“南普”的人，或许平日自己也有时无时地说一些。

城市发声

1.“不对呢(念nie捏，拖长至五秒钟左右)，怎么细（是）这样呢？”

——有次到某个部门去办事，接待的是一位半老不老的有一定级别的女人，接过报告一看，拧起眉毛便来上一句“不对捏”，这心烦气躁的口气便立刻让你觉出她不好打交道。接下来她再看下文，眉头进一步拧紧，这回的“捏”字没拖那么长，可用的是上声，又很容易让你觉出她很权威。

当你以为没戏了，准备认倒霉的时候，她拿起笔在报告上画来画去说：“拿回去改改呗”。这个“呗”字正常应该发唇音，可她用上牙轻咬下唇，把个“呗”字轻轻送将出来，听觉效果便是“拿回去改改娓”。

2.“我丢，你过野仔得嘿吻！”（哇！这个人很拉风呀！）

——在民族大学的露天羽毛球场上，一对捉对厮杀打球的同学战得热火朝天。一个男孩对场上精彩表演发出啧啧的称赞。

在南宁，羽毛球是一项广受欢迎的运动，据说南宁羽毛球的人均拥有率是全国第一。你在这个城市走走，随处可见三两个人，在一块空地上支起一张网，挥舞着拍子。而且个个技术都不赖，一招一式都是有板有眼。

3.“这里有张报纸，你拿回去自己剪吧，唔使钱。”

——南宁流行前线老鼠街，一个客人买衣服还价还得太低，被老板这样哄出店去。这里“使钱”即是“用钱”、“花钱”之意。在《镜花缘》里早有“使银子”的说法，今人普通话中表示用的意思时，是与“用”连用，即“使用”。

俗语有云“有钱能使鬼推磨”，南宁人说“使钱”，倒是颇为合乎现在常说的赚钱的最高境界：我们要学会使用钱，而不是让钱来使用我们。而且在南宁话中，钱是用来“使” 的，不是用来“花”的，似乎也说明了在对待使用钱的不同态度上：前者多用于创造，后者多用于消费，使钱讲的是实在，花钱要的是痛快。

4.“啊D粉几多文一碗？”(这粉多少钱一碗？)

“一群粉仔粉妹。”

——一群中学生放学后，都拥到“粉之都”店前七嘴八舌地点粉。坐在粉店里吃粉的老太太嘟囔道：“一群粉仔粉妹。”粉仔粉妹在南宁是指爱吃粉的弟弟妹妹们。

在南宁满街看到的都是林立的米粉店，南宁人爱吃粉，一碗小小米粉也被做得花样叠出，老友粉、螺丝粉、卷筒粉、牛耙粉……不过这些粉说到底老家并非真正在南宁，它们大都来自广西各地，真正出生于南宁的是老友粉。一日三餐加消夜，粉店的数量在人群聚集的地方，可谓是达到十步一粉店。

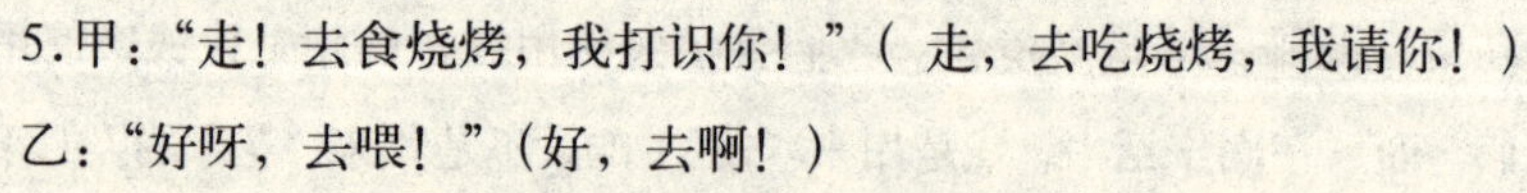

5.甲：“走！去食烧烤，我打识你！”(走，去吃烧烤，我请你！)

乙：“好呀，去喂！”(好，去啊！)

甲：“我打识，你放水！”(我请你，你出钱！)

乙："啊，你狗我啊？？！"（啊，你要我啊？！）

——在民族大道上，两个下班的白领，互相开着玩笑走上了公交车。在南宁请人吃烧烤是经常的事情，朋友间的请客最多的也都一起吃烧烤。

南宁人说"吃"不说"吃"，而说"食"，这是沿用至今的古语；南宁人食饭传统讲究礼仪，比如让老人坐在中间，小孩子吃饭前要先喊大人吃饭，然后才能开始吃，而且筷子不能指人，否则视为挑衅或不尊重，或者暗藏杀机。如果某人要在宴席上算计仇家，就是用筷子始终指着对方给暗藏的杀手作为提示的。

6."请我吃炖品得不得？"

"哎呀！走水咯！"（哎呀，亏钱了！）

——在兴宁步行街上，两个大学生模样的女生在互相交谈着，是商量去吃炖品的事。这个炖品在北方一般称做汤。汤和炖品的差别，有点像画和作品的差别，前者一般，后者一定能够一定的品位。

北方人传统的喝汤，是饭后喝，吃饱了最后上一盆汤。汤是可有可无的配角。而南宁的汤可就不同了。在南宁不管是小吃还是盛宴，先出场亮相是"炖品"。这炖品的制作非常讲究，即使是个只有几个桌子的小快餐店，一天卖出几十份或上百份炖品，也必是前一天精选配料，细心放置在每个汤盅里，然后蒸几个小时后分别出售。

7."我哋坐部马仔去啊。"

——"马仔"指的是摩托车。南宁的摩托车数量之多是你在国内任何城市里见不到的，满街都是一脚踹。

南宁市每两人就拥有一辆摩托车，密度远远高于其他城市，而且有全国独一无二的摩托车专用道，是名副其实的骑在摩托车上的城市。南宁的摩托车阵势，特像非洲大草原上野生动物种群的大迁徙。站在街头稍稍留点神，你会看出骑士们迥异的风采：有的如勇士跨骏马，有的像猴子坐绵羊，有的似张果老骑驴子……每天看到街上熙熙攘攘的车流中，摩托车是主流，甚是壮观。

8.“啊!辣得×魂都失!”

——在中山路夜市，有靓女吃完老友面弓身而起大声呻吟：“啊!辣得×魂都失!”竟销魂如此。

南宁话的程度副词恐怕是世界上最单一的，基本上只有一句：魂（和普通话的“吻”同音同调）都失(灵魂都失去)，什么事物都只有一种状态——魂都失!什么状态都可以用形容词加上“得”字再加上“魂都失”便可表达清楚了。什么事都显得十分严重，并显得南宁人爱大惊小怪。吃老友面辣了，大叫；辣得魂都失!南宁人喜欢在“魂”字前加一个定语，即代表女性生殖器的“×”字。南宁人讲话有时干脆就不用补语来补一补，天气很热，只说：热得!热得怎么样还用说吗?当然是“×魂都失了”。南宁人最不啰唆!

9."啊只溃猪佬！"（那是骗男人钱的女人）

——在公司里，有人提醒到今天马上将要有某位女明星来南宁开演唱会，问大家要不要去。有个男同胞立马抱怨道，那都是骗人的。"溃猪佬"专门骗男人钱的女人。比如"告密"叫做"灰猪"，设陷阱叫"装夹"，买东西被宰叫"挨猪"。

在南宁很多演唱会都是门庭冷落，门票要靠打折才能卖掉。很多演出场、很多明星都在这里遭遇过"滑铁卢"，不管外面的世界如何精彩，南宁人有自己的价值观念。

10."畀啖可乐此妈咪饮口得咩？"（可乐能让妈喝口吗）

"唔此！"（不行）

"正衰仔，生旧叉烧好过生你。"（坏小子，真不该生你下来）

——万达商业广场的沃尔玛超市里，一位带着孩子的母亲在购物。孩子抱着瓶可乐愉快地喝着，母亲为试探幼儿的孝心于是……但结果却不能令人满意。

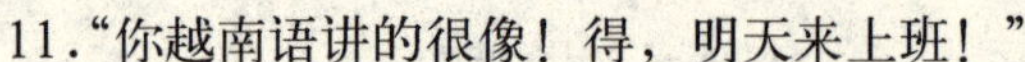

11.“你越南语讲的很像！得，明天来上班！”

——在东盟会展中心的招聘会上，一个企业负责人对来应聘的女孩爽快地答复道。“很像”一词也是南宁人常挂在嘴边的，“某某外语讲得很像”是“某某外语讲得很棒”的意思，而不是“模仿得很像的意思”。而在南宁小语种人才十分抢手。

作为东盟博览会的永久性会址所在地，南宁顺理成章地成为了东盟、亚洲乃至世界的焦点。东南亚小语种也开始在邕城升温，在招聘会、在人才交流市场、在朱槿造型的东盟博览会会馆，这样的对话随处可闻，全球化的星星之火已经开始在南宁点燃。

12.“南宁人说普通话很喂，有什么不好的捏，如果有不舒服的话，大家来说说啊，但是谁要进行人身攻击谁就是七嘿。”

——在广西大学校园里，几个学生说南宁话难听，让本地一位学生十分感冒，他积极地抗议。

南宁普通话是一个有争议的话题。很多人会觉得南宁普通话过于粗俗，发音也很难听，类似普通话，却又掺杂南宁白话，桂柳话，好像那种放盐的红薯糖水，味道怎么就那么的怪……

13.“表丧大尉结束，下过斜目大和尚现赛该死！”

——在一次单位晚会上，主持人请领导上台致辞，领导在台上郑重宣布道。下面观众们纷纷不解，表彰大会变成了表丧大会不说，后面还有和尚的节目，莫非请尚众说念经！原来是：“表彰大会结束，下一个节目大合唱现在开始。”

这位领导说的是“夹壮话”，这在少数民族诸多的南宁非常常见，特别是很多当领导的报告，为什么呢？由于贯彻民族政策，不是少数民族还坐上了自治区的领导呢。所以在南宁关于夹壮话的段子很多，主角很多往往还是身居高位者。

14.“叫什么‘民族广场’，先不宜叫‘民族狗场’啦！”（不要再叫“民族广场”了，干脆改叫“民族狗场”好了！）

——一位街坊像往常一样在民族广场散步，一不小心踩中“地雷”（狗屎），不禁生气地说。

民族广场终日人声鼎沸，这里聚集着南宁城里最为典型的市民。民族广场可以说是当代中国市民社会公共空间的一个小范本，打牌、唱戏、聊天、跳舞，当然也少不了遛狗的，所有的行为都消解了聚集人所代表的身份。

15.“冇系哇，短信都冇识发？冇怪得人地叫你‘番薯昌’啦，真系‘有中错状元，冇起错花名’嘞。”

——杂货店老板阿昌新买一部手机，一看就知道是标准的“山寨机”。他决心学会发短信，正要请教别人，结果被街坊笑到“脸都蓝”，恐怕这次又学不成了。

所谓“山寨”是粤语中一种流行词，形容那些占山为王的，有着不被官方管辖的意味，就是盗版、克隆、仿制等。现在主要通过小作坊起步，快速模仿成名品牌，涉及手机、游戏机等不同领域，由此衍生的词汇有山寨机、山寨明星等。这种文化的另一方面则是善打擦边球，经常行走在行业政策的边缘。

16.“小姐，有什么卵吃的咩？”

——在饭馆，一个顾客问服务员道。这位顾客估计是柳州的人，因为柳州人不论男女，讲话都不离个“卵”字。

南宁的柳州人很多，所以柳州话随时能听到。柳州的民风粗犷，与同在广西的南宁、桂林迥然不同。上面的话，要是在柳州，服务员会这么回答“什么卵都有！”而南宁，服务员顶多偷偷地笑笑，然后给他介绍比如：“有白骨换、白骨当……”这排骨饭、排骨汤听起来也很搞笑。

17.“日日都有人死，你哩种人又会感长命，无得食又无得着。”

——朝路广场边有个精神有问题的乞丐常常去乱翻垃圾筒，清洁工也烦了，于是气急败坏地骂道。

城市的乞丐和流浪者几乎成了城市有机组成部分。当你走在街头，冷不丁就会有双脏兮兮的手伸到你的面前，“可怜可怜，给点钱吧！”他们用期望、无助的眼神触及你的目光，以此博取你的怜悯和施舍。放眼繁华闹市、车站、码头、居民小区等，乞丐们游来荡去，风餐露宿，却也蔚为壮观。虽称不上多如牛毛，但找一个乞丐一定比找一个公厕容易得多。

18.“话你知啦，凡是开得盘的赛事，未开波就又左结果架啦，不过知道佢唔系你同我咁。”（告诉你吧，凡是能开出盘口的球赛，还未开球就已有结果。只是知道结果的不是你和我而已。）

——在兴宁步行街，一间港式茶餐厅上，两个赌球的青年正在“交收”，赢球的一个不忘向输球的一个“实话实说”。从脸上可以看出，输球的那一位对这种“绝对假球”的阴谋论还是半信半疑。

19.“这么简单的话都讲不清楚，还考啥试喂？你真是整个狗屎不清（口齿不清），不就是把十几斤屎（湿纸巾纸拾）起来嘛！”

——最近，广西财经学院老师要进行普通话考试，这下可把乡音难改的老师整惨了。大家纷纷在办公室里临时抱佛脚，用蹩脚的普通话煽情地念着。某南宁籍老师普通话不怎么地，但他很自信。听见有位苏北口音的同事，用苏北普通话反复练习讲“把湿纸巾纸拾起来”这一句话，这位广西籍老兄不屑一顾地说。

20.“吹木叶的阿哥你卖什么乖，丢给你个眼神发什么呆。阿妹的花裙子已飘过了坡，你还站在原地傻傻地猜。”

——民歌广场又传来了这样的歌声。如此充满着少数民族风情的民歌在南宁经常能听到，要不怎么是“天下民歌眷恋的地方”。

每年南宁都要举办国际民歌艺术节，市区还为民歌节修建了民歌广场。但民歌节虽然每年请了很多大牌歌手来，但给人感觉不够地道，要想听地道的民歌还是得去郊县。南宁郊县武鸣每到三月三都有“歌圩”，少数民族同胞会集唱歌、听山歌，不管远近的朋友都在那一天来赶歌圩，对歌更是成为青年男女交往、恋爱的重要方式。每场歌圩聚集多达上万人，唱和竟日、热闹非凡。

22.“丝果，丝果！好丝得喂。”

——刚进入大门，主人就热情地招呼着大家吃水果。

南宁水果多，价格也便宜。大量果树栽在人行道上是南宁的一大特色。比如菠萝蜜，南宁人叫木菠萝，让人称奇的是它的果实不是结在枝端，常常是树干上便冒出几只大果来，像似有人在树干上敲了钉子，挂上去一大堆篮球足球。令想象力再丰富的人也啧啧称奇的是，它的根四处猛窜，窜到谁家的床底，忽然就冒出一只大果来，与其说是给你一个惊喜，还不如说吓你一跳更准确些。

23.“我倚嘎想去死，得唔得呀！？（我现在想去死，行不！）

“好笑得！”

——共和路一个十字路口，一个心急过马路的行人，正要闯红灯，拦阻他的交通协管员大声嚷嚷。没想到交通协管员脾气非常好，只是客气地来了句反讽意味十足的话。

南宁话中比如要说什么东西很好、什么事情很精彩，无须说出具体怎么个好法、如何的精彩，只须说一声“好得”，把个“得”字拖得老长老长，便一切都在不言中了。以此类推，便有了许许多多的“丑得”、“脏得”、“肥得”、“好笑得”、“啰唆得”等等，可以意会但无须言传的半截子话。

24.“甜姐，今天穿裤子啦？！”

——难得一场冬雨，南宁的冬天终于冷了下来，同事们见面相互打招呼……

南宁气候炎热，每年天气从4月开始一直要热到11月，冬至后穿短袖也很正常，所以在南宁这样的地方穿裤子也是一件很难得的事情。别想歪了，不是南宁人平常不穿裤子，是女孩子可以一直穿裙子到寒冬腊月。

25．老板："25，当开个市！中意就返嚟。"

靓女："又好，杀你！"

——在兴宁路步行街，两位靓女看中一条短裤，问老板："条裤几钱啊？""开价100，有心买还个价啦。" 老板开个天价。靓女没有出声，摇摇头走了！老板在后面喊："50点啊？"靓女已经走开了，举起手摇了摇！老板又在后面喊，靓女看到了可以接受的价钱，回过头来，就成交了！

26．男："续尚歌袄咩？我要为你尚《我只待呼你》。"（去唱歌好吗？我要为你唱《我只在乎你》。）

女："好啊，干你尚得怎么样？（好啊，看你唱得怎么样？）

——这是一对男女朋友的对话，不用解释大家也能猜个八九分，但这"夹壮话"听起来真是太幽默了。

当然不是所有壮族人都说不好普通话，不少人下一番工夫学可以做到不露壮话的痕迹。而像在城里出生长大的壮族后代，当然口音除了带有"南普"味，"夹壮话"对他们已经是耻辱。很多中小学开家长会，学生往往会这么交代父母："开会你不要发言，你夹壮。"

下篇　城市亚文化

第一节　谁是最爱偷听的人？

世上有多少个人，就有多少条生活的道路。信息化已经改变了今天的时空节奏，三百六十五行早演化得比七百二十行还要多。无论多少行当，都能在城市里找到生存的一席之地。一座城市的大，成就其无限延伸的包容性，所以可以包容各式各样的人。然而，人与人隔阂也同时蔓延滋长。城市的人是三教九流、五花八门，每个人出身家庭、教育背景、生活阅历与社会环境都不同，因此对生命各自有自己的体验和理解，说出的话和语言风格自然不同。

在一个城市，每个人一天生活中会说许多话，其中说了多少假话和真话？又有多少的无可奈何或词不达意？到底藏了多少不可告人的东西？关于唇齿之间的秘密，没有人会知道自己，也没有人会去想知道别人。

如果有一天你把工作节奏放慢，给自己的心灵放一个假，跟着耳朵去听一听城市别样的声音，在悠然的时光中，享受城市的声音。你会发现在一个城市里，总有人会说出奇怪的话或讲些有趣的事，这些奇言逸事听来是那么活灵活现，或者好笑，或者有趣，把只言片语细细听来，或多或少能够表现出这座城市独特风貌。

也许对于平日里忙于工作，生活圈子越来越窄的都市人来说，闲暇时听听别人的趣闻逸事和喜怒哀乐，也是一种身心的放松。耳朵从这样“偷听”来的言语中，能感觉到一些极富魅力的生活情趣和崭新的时代特征。

其实“听城”并不是什么新概念，很多艺术作品中的鲜活语言都源自生活。比如古老的相声曲艺里很多诙谐有趣的段子，大多是艺术家在生活中“偷听”到的，经过艺术加工就变成了一门笑的艺术。“听城”不过是将听的内容换了一个展现的舞台。

俗话说，说者无心，听者有意。不听白不听，听了不白听，耳朵无罪，偷听有理！那谁是最爱“听城”的人呢？

第二节　城市偷听地图

□旅游景点：这里是城市的窗口，是城市向世人展示其最妖娆最美好的一面。在这里不仅有南来北往熙熙攘攘的游客，也是城市小商小贩、贩夫走卒集中的地方，他们是这个城市的原生态展示，他们的一句吆喝、一句招呼，是外地人对一个城市最初的印象。

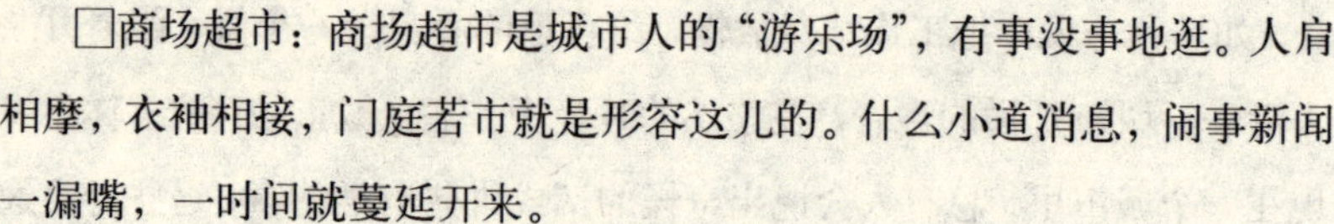

□商场超市：商场超市是城市人的“游乐场”，有事没事地逛。人肩相摩，衣袖相接，门庭若市就是形容这儿的。什么小道消息，闹事新闻一漏嘴，一时间就蔓延开来。

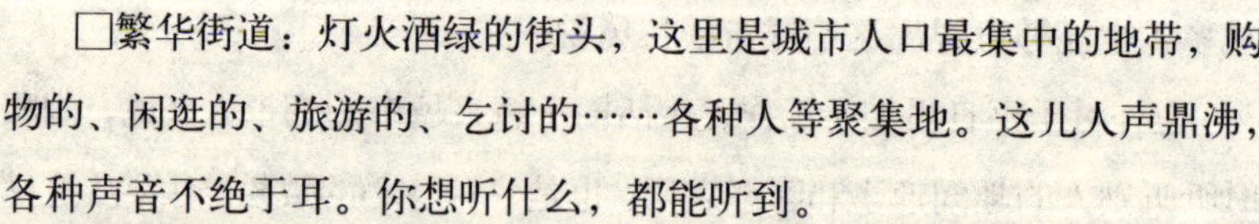

□繁华街道：灯火酒绿的街头，这里是城市人口最集中的地带，购物的、闲逛的、旅游的、乞讨的……各种人等聚集地。这儿人声鼎沸，各种声音不绝于耳。你想听什么，都能听到。

□餐厅饭店：到一个地方不可以不去品尝地方美食，一些特色的餐厅饭店往往是首选，这地方不仅仅能品尝到别具特色的饭餐，还能听到原汁原味的城市表白。饭桌宴席之上，觥酬交错，把酒言欢。几杯小酒下肚，头脑一发热，原本不愿意说的，都撒丫子似的奔流而出。哪还见得着邻桌有人竖起了耳朵呢。

□公共交道工具：这是了解一个城市的工具，每到一个城市都得依靠这些来四处游走。“听资”最丰富的非公共交通工具上莫属了。公车、地铁、火车……都是听城的绝佳场所。空间狭小，人员密集，三教九流，南来北往。周围的人说话，你就是再不想听，字字句句也会溜进你的耳朵。

□车站码头：车站码头永远是喧嚣的，人来人往，川流不息。有窃窃私语者，有高声喧哗者。车站码头当然包括其衍生出的候车室、站台，乃至候机大厅，都是一个“听资”的博物馆。在这里脚步虽停下，听觉系统却依然在活跃着。

□洗手间：无论员工间的是非，还是办公室里的八卦，甚至是人事上的变动，总有那么几个胆大心粗的“大嘴巴”喜欢一边对着镜台修饰整理，一边起劲地传播小道消息。却不知，里面隔间里往往还有一个进也不是出也不是的尴尬者。

□小区胡同巷口：小区、胡同、巷口就是个大杂院，一帮闲人都会聚在一起唠嗑，趁着出门遛狗的工夫也能捎回一些家长里短。李家媳妇和婆婆拌嘴了；王家猫咪要下小崽子了……这可是老祖宗流传下来的传统。在这里能听到最原汁原味的方言，是了解一个城市最好的去处。

听城的八项注意

1.把耳朵打开——经常听MP3显然对听力有害，听听别人闲聊却绝无害处，平常乘公交车或行走在街上，不妨把耳朵打开，尽情捕捉声音。

2.保持清静心——听以乐趣为主，所以千万要心态平和清静。尽可以拔长了耳朵或暗笑，或赞同，或反驳，或消化，但是得做出一副听而不闻闻而不屑的样子……

3.有所听，有所不听——虽然你和被听者彼此不相识，你的听没有恶意，不会惹是非，但仍要有所不听，比如人家说到电话号码等个人信息，该过滤的就要过滤掉。

4.保持距离——要与被听者保持距离，刻意的靠近会让人厌烦，你的听也应该有个尺度，不要越界。不要穷追别人不舍，要不人家闹不明白你想干吗呢。

5.公布原则——如果在网站上公布听到的内容，切记对人物姓名身份保密。MP3或者录音笔的录音按钮上，趁着别人不注意，偷偷录下一些不属于自己的对话时，听的法则就被破坏了。

6.只是听而已——千万别一激动，人家正在交谈的当口，你也不着调地插上了话。那样的话对方惊讶，你也尴尬。就是再好笑你也得憋着，实在忍不住，你自个偷着乐。

7.不可尽信——对于听到的内容，不可尽信，所谓眼见为实，耳听为虚。主要从听中，听出城市的味道，听出个人的滋味。

8.记录生活，趣味至上——趣味是偷听的第一目的，从趣味中展现生活是“听城”的深层内涵，听吧，但别太较真！

第三节　八卦的城市

都市传媒日益发达，经济驱动娱乐升级，使得新闻不断、故事不绝的城市生活更加五彩缤纷。城市的闲情让大家似乎都有点狗仔心态，有点八卦特质。你到不同的城市，能从看中初步见识一个城市的外在皮毛，却在听中逐步理解一个城市的内在精髓。

不同城市的地理人文环境生成不同的市民性格，各个城市的八卦听起来各具精彩。比如到了天津，就不能不被那声声劲道悠扬的天津话所吸引。卫嘴子的贫是渗到骨头缝里的，是旧时码头、殖民地所遗传下来，要不天津相声怎么最闻名呢？天津的相声茶馆生意非常火暴，每到周末北京人成群结队来听相声，难怪能冒出一个红的发紫的郭德纲。

成都人口腔文化也异常发达，他们有大把时间来摆龙门阵，话语间天文地理无所不包。听听说成都话的李伯清，他的“散打”让你对成都这个花花世界充满留恋。像武汉这样大码头，有机会接触南来北往的各色人，这地方人有足够热情将社会上是是非非传播到最大张力。听听说武汉话的“岔巴子”田克兢，他的独角戏里满是诱人的“汉味”。对生活就是娱乐的长沙人，没什么能阻挡他们对娱乐赤裸裸的爱。听听长沙笑星奇志、大兵的斗嘴，这样天衣无缝的双簧，把长沙话的娱乐精神发挥至极。

不光是这些名城，大小城市都有自己的八卦明星，比如说香港话的徐冠文、林海峰，说上海话的王汝刚，说兰州话的王海，说杭州话的安峰……这些城市的风土人情在口舌之间，变得生动形象，过耳不忘。

这些是通过艺人提炼加工的语言艺术，要是带上耳朵在各个城市走走，还能听到更为原汁原味的原生态声音，这些闲言碎语出人意料的丰富多彩，估计比这些城市笑星说的还具有趣味性。到任何一个城市，竖起你的耳朵，准能有意想不到的收获……

正因为这么有趣，所以“听城”运动正打着“偷听城市”的旗号在城市中悄然兴起，就像全民参与的选秀活动，行为艺术中的快闪运动，颠覆经典的网络恶搞……“听城”是一场以城市为娱乐对象的草根运动，带给了大众亲身体验的乐趣。为什么“听城”是场草根的运动呢？因为其本质是平民化、大众化，没有太多技术含量，人人可为之，且能引起广泛轰动。

发自民间、传播于网络的偷听，充满了草根式的娱乐色彩。偷听这个曾经带有窥私色彩的词汇，却成为一种草根文化符号。这种娱人娱己的方式简单易行，随时随地可以随心所欲，成了很好的表达方式和情绪出口。“听城”能真实展现市井百态，还能引起社会的思考，难怪会迅速由小众行为蔓延开来，成为大众的乐趣，成就了草根的又一次狂欢。

“听城”应该完全可以区别于那些不着四六的行为艺术，与那些偷拍走光的宵小不同的是，这些个竖起耳朵的“小偷”，或许捕捉的只是短短一瞬的真实，而这些脆弱的真实往往因为各种各样的缘由，距离我们似乎已太过遥远。

娱乐的日益发达的今天，庸俗平淡的生活不足以宽慰我们追求新鲜刺激的欲望因子，压抑在重重社会压力之下的荷尔蒙、肾上腺等一系列激素需要释放，自由发泄的冲动是一种力量。凭借网络、短信等新兴媒介，“听城”几乎成了全民参与的运动。于是全城竖起了千万只耳朵，有的等着找乐，有的等着发财，有的等着搭讪……

“听城”折射了文化的多面性，搞笑轻松一方面可能使得我们的文化出现肤浅化，但另一方面也让我们充满乐趣和拥有平和的心态。尽管这种文化存在诸多问题和缺陷，但提供了一种轻松、充满想象力和灵活性的新气象。

好听，可别越轨哦

“听城”虽然带着“偷听”的不雅之名，实则与偷并无瓜葛，无非是对有趣的声音多加关注。其实大多数人或多或少都做过这样的事，或是出于猎奇心理，或是确实捕捉到了有用的信息。

“听城”也许与博客热一样，是大众看腻了脱离现实生活的肥皂剧，听够了无聊炒作的明星艳闻逸事，为了摆脱那些虚假无聊的东西束缚，更愿意欣赏贴近生活、反映真实心态的东西。从中又可以听出不同城市的滋味，又可以随意有趣地参与，何乐而不为?

当偷听和网络结合之后，通过网络的搜集和聚合作用，借助网络的匿名性质和宽容的态度，把一些超出人们日常生活的经历和不同人群的生活展现出来，像滚雪球一样，扩张了偷听的内容和趣味，也增加了其复杂性。

偷听原本是没有错，小范围的传播也没有错，可是当你要将偷听的内容公布于众时，就要考虑是否会伤害到别人。好的传播应该是没有恶意的信息，要是偷偷录音就不应该了。录音是错的第一步，将录音发布是一错再错。

像本书的文字记述，没有点出姓名，没有定位到具体某人，那么就不会对当事人造成名誉损失、社会评价降低，当事人的权利就不可能受到损害。在当代社会的转型中，这些微小的话语力量还没有触及法律和法规相关隐私权的规范。只是在有限范围内的汇集和积累，其存在有其合理性，但要正确引导这种文化形式，不要因听而侵犯别人的隐私。

这是一个全民偷听的时代，你所说的每一句话都可能被好事者发到网上成为人们的谈资。又没有指名道姓，当事人何必神经过敏、对号入座呢？尽可置若罔闻。既然你在大庭广众下旁若无人地说，我就可以堂而皇之地听。如果说的是秘密，那么你选错了说的场合。本来可以清清静静休息一会的，现在却还要接受声音的荼毒。所以不妨轻松写，添些乐趣；不妨轻松读，一笑了之。

然而网上偷听看似很火，但里面的内容却是良莠不齐，萝卜快了不洗泥，其中甚至夹杂网友恶搞的内容，让人觉得恶心和遗憾。网络偷听打破舆论、文学、艺术等等的游戏规则，省略了很多学习思考的过程，任何人都可以加以展示。当生产者成为消费者，最终也产生了通货膨胀。就像“村村出李白，寨寨出杜甫”的“大跃进”，必将集体把诗歌谋杀。网络偷听早已变成新的信息垃圾场，面临着一场无聊无序的困境……

流传网络的东西要成为有意义的需经过时间沉淀，就像民间的作品都要经过文人筛选和加工。如《诗经》就是许多原来流传于民间的歌谣，经过像孔子删定而成，终于成为文学经典；如《三言二拍》就是作者冯梦龙、凌蒙初根据文言笔记、历史故事，乃至社会传闻再创作而成；而像南北朝民歌、竹枝词之类都是民间流传，再经过文人加工整理。

之所以举上面的例子，所说明的就是“听城”是网上流传的民间话语，本书却是经过整理加工并进行独立创作。这样的摒弃了网络上泥沙俱下的驳杂，让众声喧哗却又不再嘈杂。

本书记录市井风情的方式是一种有特色、有活力的文化形式，它展现了一个异彩纷呈的世界。这样的记录对城市的健康发展，对城市精神的建设可以起到促进作用。让人感觉到生活内在的幽默和辛辣，有助于城市精神和公民社会的建设。从不同城市的言语中，我们能体味到各个城市的别样风情，在听中去漫游旅行。

听是种慢生活

如今城市已进入了非同寻常的高速运转阶段，人们不得不步履匆匆地跟随。匆忙的脚步笼罩了整个城市生活。每个人都在阴郁的表情下忙碌着、奔波着，为了抓住稍纵即逝的偶然机会，不知有多少人患上了时间强迫症。“时间就是金钱，效率就是生命”早成了一种普世价值观。为了充分利用时间去做事，快些！再快些！每个人都被裹挟着无休无止地奔忙。

城市的浮躁正在吞噬现代人的时间，忙碌成为现代人生活的普遍状态。人人都急着、赶着向前跑。快几乎囊括了生活的所有方面，我们吃快餐速食，充电学习进速成班，阅读从买书到借书到浏览书……

这种快节奏的生活，使得人们如同上紧发条的钟，只能分秒必争的前行。快使得生活就像猪八戒吃人参果一样，还没来得及尝到滋味，囫囵吞下了曼妙的一切。人生经常在高速运转中受到损耗，快时常令一切有意义的东西如过眼烟云，转瞬即逝后再没在心里留下任何印象。

当你在寒风凛冽的街头为客户奔波劳碌，当你为赶上最后一班公交车拼命狂奔，当你在办公室中忙碌而机械地处理着业务……你有没有发现你的神经被敲打得日益衰弱？而脆弱的心在马不停蹄地追赶中也渐生疲惫？很多人都搞得身心疲惫，精神上也并不快乐，事业上也没有什么满足感。失眠、焦虑、郁闷等不良情绪开始侵袭我们的心田，让我们开始疑惑：如此努力奔跑，终点在哪里？开始羡慕那蜗牛、乌龟的悠闲，那猪过的是何等甜蜜。

你想想古人，无论出世还是入世，都能有种闲情雅致。他们长袍飘飘，依杖而行，看梧桐细雨，听稻香蛙鸣。他们能常在清风明月下，吟诗作画，浅酌低吟。偶然与朋友有个约会，花间一壶酒，独酌待友人。清风明月先光顾，故人未见踪影，于是闲敲棋子，望星斗阑干，这是何其散漫，何其闲适。

今天很多人已经过了物质积累的原始阶段，快已不是生存的问题，而是欲望泛滥。可以说快节奏工作的人永远在寻找“奶酪”，但永远无法跷起二郎腿享受“奶酪”。当整个世界疯狂快跑的时候，不妨你把脚步放的慢一点，慢一点儿生活，用耳朵感觉一下，其实城市生活那么温馨。

给自己的心灵放一个假，把工作任务放一放，挤出充分的时间来，去一个又一个城市漫游，听一个又一个不同人的声音，甚至只是坐着城市某个街角发会呆，来享受一下片刻的慢生活。我们都可以从这些平凡的细节中感受到生活的幸福，适时地“刹车”是为了走得更远。

放慢脚步，听听城市，因为听是心灵之花。听是一缕清风，它能吹散笼罩在人们心头的阴霾；听是划破漆黑夜幕的流星，能给人们带来希望。对城市声音投入细致的关怀，需要一颗安静而敏感的心，这样才能品味一座城市的味道。

听自己城市的诉说，就如同听朋友的倾诉，共同分享快乐分担痛苦，让自己感觉在城市里并不孤单。听不同城市的声音，就如同读不同的书，开卷总会让你获益匪浅。工作之余，在城市大街小巷独步，听听自己城市的别样声音；闲暇之际，去各个城市游荡，听听不同城市的别样表达……

在听中会感知生命的落叶不止在秋天，忧郁和悲伤不能久驻心灵，孤独也是一种美丽；在听中，会懂得理解的艰难和重要，即使是陌生人的一抹微笑，也足以驱散你满怀的寒意；在听中，会明白阳光公平地照耀你我，照耀辉煌与平凡；在听中，会发现自己正在与一个博大的世界对话，所有的风霜雪雨，所有的世事沧桑，都只是一片自由舒卷的云朵，都只是墙上嘀答的钟摆……

慢悠悠的城市节奏是“大隐隐于市”者的选择，“听城”能让生活节奏放慢，不再跟陀螺似的旋转不停。“听城”能让旅行彻底放松，不再跟着赶鸭子似的旅行团四处扫荡。

我们都需要听，听别人，听自然，听自己。因为，听别人，令我们真诚，学会听别人的人是宽厚的；听自然，令我们纯洁，学会听自然的人是纯净的；听自己，令我们明智，学会倾听自己的人是丰富而智慧的。听城市，则是缓解和宣泄工作、生活压力的有效方式，从别人言语中折射出社会各个阶层的生活状态和心理，从听中能体悟出社会的众生相。

跟着耳朵去旅行

一直以来，我们的城市被一袭华丽的长袍罩住了躯体，在灯红酒绿的伪装下极度自恋着。城市的概念好像只是一堆有着声色犬马的建筑，城市人的表情好像一直是僵硬的机械式冷漠。每个城市人都在阴郁的表情下忙碌着奔波着，而原生态的一切都在重压之下逐渐萎缩。城市化进程无限加速，同时城乡人隔阂也蔓延滋长。城市在过度追求GDP快感，也忽略了城市人的精神家园构建。城市里人与人之间，变得越来越陌生，每个人都把自己真实隐藏起来，用丰盈的物质和华丽的衣冠掩饰精神的空白。

我们所谓的城市文化只是精英们设立的，有着层层过滤的苍白。其实只有草根们的“听城”书写，才是真正的“讲述老百姓自己的故事”。“听城”的东西是不经过滤的，原汁原味的百姓生活。

“听城”在窥探一座城市秘密的同时，定格了城市某一瞬间的表情，将过去循环往复的生活，以及单调的城市面孔鲜活地呈现开来。它是用漫不经心的笔调将城市人的欢乐、哀愁或者愚昧都描绘出来。这才是城市在芜杂表皮之下真实的神经和脉搏。

这是一个物质的时代，也是一个虚无的时代。文字写手在拼命制造空洞的故事，迷茫的人们在用它们填补着精神的空白，还美其名曰文化快餐。当如此的文化快餐弥漫开来，一个精神荒芜的时代即将盛行。肚子饱了，脑袋反而空了；腰包鼓了，幸福感反而没了；法制规范了，安全感却反没了……“听城”是对这个时代最真实的记录和表达，不用渲染和修饰，一切来得那么天然浑成、无比曼妙。

城市人的絮语生动地传达了城市的各方水土和文化趣味：成都人“巴适得板！”南京人说“乖乖隆得冬，萝卜加大葱！”沈阳人说“你就别忽悠了！”上海人说“阿拉上海鼎鼎煞根！”武汉人说“冒得事晃来晃克搞么四！”广州人“我顶你个肺啊！”长沙人“那确是”……

各个城市的方言蕴涵着多少人文差异，“听城”让我们领略到不同城市的异样风情，也体验到各个升斗小民的市井生活。听那一串串鲜活的故事，那一个个真实的足音，我们就会明白：这日子真的很精彩，这生命真的很美丽，这人生真应该演绎得如诗如画。

有价值的“听城”是一种文化。它让人们多了一个认识城市生活的渠道，甚至浮躁的都市人多少看清了一些自己的影子，看到了一些生活最本真的面貌，在“发现”自己的同时，人与人之间也会多一些宽容，多一些沟通，多一些尊重。

文化从来都是源于生活的，有的被拔高了，成了高雅的文化，有的依然保持着原汁原味，就是最原始的社会市井文化。这个事情不需要“高雅”这样的词语来装饰和拔高，因为它需要的仅仅是真实和动听。

提炼生活本身展现的一种幽默，它能折射出社会各个阶层的生活状

态和心理，反映出社会的众生相。因为只有原汁原味，才会活色生香。原本一条小巷里的闲言碎语，会瞬间消失在城市繁喧的黑暗里，不会引起历史长河的一声叹息，就连一个涟漪都不会泛起。用敏感去留意声音，用记录去拣起真实，用这些裸露的语言去抵制故弄玄虚的教条，我们体味到什么才是真正的生活，它使任何喋喋不休的文字述说都显得孱弱不堪。

声音代表人们对城市的感情和记忆，那些说唱、吵闹、叫卖代表一个城市的活力和表达方式。给自己一分钟的时间，闭上眼睛，无论身处何处，张开你的耳朵，看究竟能捕获多少细致的声音。

听是生命中不可缺少的，是听让我们明白什么是真善美，让我们彼此的手握得更紧、心贴得更近；是听，让一句简单的话语，有了神奇的力量，让那些琐碎的小事，一下子变得无比地亲切起来；是听，让那些平凡的日子，陡然增添了动人的光彩……生活是一部厚厚的长卷，需要心灵的关注，更需要心灵的听。

倘若百年之后，如果有人看到“听城”的这些东西，就像一卷口述史或一帧黑白照片，就能大致了解现在的城市生活是个什么样，那该是人类文明史上一大幸事！

后记

这些年因为工作的关系，去过很多不同的城市。每到一座新的城市，总有一番不同的感受。

当我每进入一个陌生城市时，总喜欢先找一张地图研究下，找到自己所在的位置。然后，再买份属于这个城市的都市报或晚报。花花绿绿的小报上不仅有衣食住行的信息，还有各种关于这个城市的欲望和八卦。这些就像一个小小的门径，能够让人迅速熟悉这个城市。

然而，真正想要了解这个城市，还得带着自己的眼睛和耳朵，顺着这些门径去游走于大街小巷。每个城市的街头巷尾，都在上演着一出绚烂的生活悲喜剧，平头百姓喜怒哀乐不假修饰的表现，寻常巷陌对东家长西家短的评头论足，人人为柴米油盐酱醋茶生计奔波的喧嚣吵闹，无一不告发了这个城市的诡秘。

也许很多时候五花八门的方言，让我们听的一头雾水，但身临其境连蒙带猜，往往能让人流连忘返，乐不思蜀。等回头再仔细一琢磨一回味，更觉得是余香满口，绕耳不绝。

这些呢喃或喋喋的话语，成为我们抓握城市灵魂的把手。只言片语铺陈开来就像一幅幅风情画，合在一起就是一个个城市的白描印象，读下去就能看到一个五彩缤纷的世界。

我不想掠人之美，这本小书的概念并不是我首创的，而是网上流传已久的舶来品。一直觉得通过这个角度来品味城市，总会有一些不同凡响的发现，于是就有拼凑文字的冲动，以便把大家耳熟的名词更加形象化地呈现出。

这本小书的写作断断续续有一年时间，很多灵感来自各地网友们的零星文字，我只是一个搜集整理和记录加工者。在写作时曾经一度想放弃，后来总觉得大家也需要娱乐。我们看多了钢筋水泥的丛林，也需要一个生气勃勃的城市。在城市变得越来越陌生的时代，这种温情的表达更能照亮我们的困顿。

要感谢我的朋友小刀断雨的启发，是他最先在国内网络上传播这个概念。要感谢王山甲大哥的漫画，他从幽默的线条中勾勒出城市风貌，光从漫画中就能体味出各个城市的风土人情。还要感谢国际文化出版公司和许挺，让这些狂想和记录能印刷成册。

对于读者我希望给您带来阅读的轻松感，足不出户就能了知天下风情，读后再一比较您印象中的城市，肯定有相同也有不同，读到于您心有戚戚也的地方您就会心一笑，读到您不同意不认可的地方，您也要一笑了之。

这一笑会让您短暂忘记城市生活的压力，忘记巨额的房贷，忘记成绩单上的红灯，忘记追求不尽的功名利禄……

周为筠

2009年6月